PETER STOSIEK

Rücksichten

Geschichte und Geschichten

RADIUS

Peter Stosiek, geboren 1937 in Kostenthal (Oberschlesien); 1945 Flucht nach Jauernick bei Görlitz, 1961 Staatsexamen Humanmedizin in Halle/Saale. 1955 bis 1961 mehrfache Inhaftierungen wegen Aktionen in der katholischen Studentengemeinde Halle an der Saale, 1963 fristlose Entlassung aus dem Hochschuldienst im Gefolge eines politischen Prozesses, seit 1964 politische und religiöse Vorträge in der DDR, 1964 bis 1975 Ausbildung zum Facharzt für Pathologie, Facharzt für Innere Medizin im Bezirkskrankenhaus Schwerin, Abendstudium katholische Theologie an der Hochschule Erfurt. 1975 Wechsel an das Bezirkskrankenhaus Görlitz, intensive wissenschaftliche Arbeit (über 100 Publikationen), 1983 Habilitation. 1989 Mitgestaltung der Wende (Delegierter am Runden Tisch, Mitbegründer des Neuen Forums). 1992 Leitung des Institutes für Pathologie Cottbus, 1994 Professur an der Universität Halle/Saale (Immunpathologie). Nach der Emeritierung 2002 mehrere Jahre Entwicklungshilfe in Armenien (Universität Yerewan) und Vortragstätigkeit. 2005 Ehrendoktor der Universität Yerewan.

Zwei Bände mit Geschichte und Geschichten
liegen vom Autor bereits im Radius-Verlag vor:

»Tollwut« (2017)
»Nachklänge« (2018)

***

Mein großer Dank gilt wiederum Frau Dr. Gerda Rondé, deren Korrekturen wesentlich zur Gestalt des Textes beigetragen haben, sowie dem Radius-Verlag für das gelungene und geschmackvolle Endprodukt.
Peter Stosiek

***

ISBN 978-3-87173-547-9

Umschlag: André Baumeister
Auf holz- und säurefreiem Werkdruckpapier gedruckt
Gesamtherstellung: CPI – Clausen & Bosse, Leck
Printed in Germany

Lösung

So wie der Herbst vom müden Baum
ein loses oder welkes Blatt
inwendig langsam löst, so hat
sich langsam mir vom Lippensaum
das Wort gelöst. Es taumelt fast
nach unten, stürzt und fällt
in eine ungewisse Welt,
gezogen von der eignen Last.

Mozarts Ehrenrettung

Wir leben in einer freiheitlich demokratischen Grundordnung. Das heißt, man kann immer anderer Meinung sein. Die Meinungsfreiheit ist ein Grundrecht, ein Menschenrecht. Stets einer Meinung zu sein, mit wem auch immer, gilt als langweilig, gar charakterlos. Bei einigen Freiheiten dieser Art muss man allerdings vorsichtig sein. Zum Beispiel bei der Frage, ob die Erde eine Kugel oder eine Scheibe sei oder zwei mal zwei vier. Selbst kleinste Meinungsverschiedenheiten sind hier verboten, für mindestens eine Seite. Oder bei der Frage, ob Mozart ein großer Komponist war. Außer einigen Ignoranten des Vor-Barock oder der seriellen Musik wird niemand ernsthaft an Mozarts Größe zweifeln können.

Jedenfalls nicht öffentlich.

Der junge Mann, von dem die Rede ist, war gerade erst zwanzig und studierte Musik in Wien. Hier an Mozarts Größe zu zweifeln wäre einem musikalischen Selbstmord gleichgekommen. Der junge Mann zweifelte trotzdem. Und das hatte einen tieferen Grund: Er war Cellist.

Cellisten haben ein besonderes Verhältnis zu ihrem Instrument. Sie sitzen nicht davor, stehen nicht dahinter, strecken es nicht hoch in die Luft und pusten auch nicht hinein. Sie halten ihm zuliebe sogar manchmal die Luft an. Sie umschlingen es wie eine Geliebte mit Händen und Füßen, fallen ihm um den dünnen Hals, drücken es ans Herz, sie umfließen es wie eine Amöbe und möchten es sich am liebsten einverleiben. Mit einer Flöte oder einem Klavier wäre das lächerlich. Das Cello ist das am zärtlichsten behandelte Instrument auf der ganzen Welt und eines der schönsten zugleich. Nicht klobig wie der Kontrabass oder dürftig wie die Geige. Bei Lichte betrachtet ist es wirklich das schönste Instrument. Das mit Abstand schönste sogar, sagt jeder Cellist. Wer ihren Schatz missachtet, den strafen sie mit Missachtung, wer ihr Kleinod ignoriert, den ignorieren sie ebenso.

Und da sitzt das Problem bei Mozart. Er hat das Cello ignoriert. Jedenfalls als Soloinstrument. Er hat so gut wie nichts eigens für das Cello geschrieben. Wenn man mal von einem abgebrochenen Konzertfragment absieht, das niemand kennt. Er hat mehr als zwanzig Sinfonien geschrieben, ebenso viele Klavierkonzerte, fünf Violinkonzerte, massenhaft Kammermusik, Divertimenti, Serenaden, Messen, Konzerte für alles, was blasen kann. Sogar zu Glasinstrumenten und einer Orgelwalze – was immer das sein mag! – hat er sich verstiegen. Er war sehr aktiv. Hyperaktiv würde man heute sagen.

Wie kann so ein Mann das Cello vergessen? Der muss doch gewusst haben, wie dieses Instrument klingt. Verglichen mit einer Orgelwalze! Haydn und Boccherini haben zu seiner Zeit schon Wunderwerke für das Cello geschrieben.

Unkenntnis kann es also nicht gewesen sein. Etwa Gleichgültigkeit?

Nein, nein, nein! Böser Wille war das, Zurückweisung. Und eben das kränkt den Cellisten in tiefster Seele. Mozart kann nicht einmal zu seiner Verteidigung anführen, es wäre ihm nichts eingefallen. Das schönste Adagio, das je einem Menschen eingefallen ist, hat er eigenhändig geschrieben und dann der Klarinette überlassen. An die Klarinette verschleudert muss man sagen. Eine himmlische Melodie, wie geschaffen für das Cello, vorbeikomponiert am richtigen Adressaten. Vergeudet an ein Holzrohr mit dem Klang einer Kindertrompete. Ein Jammer!

Mozart war ein Überzeugungstäter, das ist sicher. So etwas passiert einem nicht. Das muss man gewollt haben und geplant.

Als Musiker kann man Mozart natürlich nicht ignorieren. Lieben muss man ihn deshalb nicht. Das kann keiner verlangen.

Trotzdem strebt unser Cellist an jenem Abend des fünften Dezember 1991 mit eiligem Schritt dem Stephansdom zu. Er wird sich dort einen ganzen Abend Mozart anhören. Das Requiem. Er wird es sich antun, weil dieses Werk ein besonderes ist, eines, das man sich nicht entgehen lassen darf, ohne an diesem Ort des Banausentums bezichtigt zu werden: Ein hochkarätiges Fest-Konzert ist es, anlässlich Mozarts zweihundertsten Todestages. Erwartet werden berühmte Leute, der Dirigent Sir Georg Solti, oder Cecilia Bartoli, eine zweite Callas, weitere bekannte Sänger, die Wiener Philharmoniker, der Staatsopernchor.

Es gibt nur eine kleine Hürde. Unser Mann hat keine Eintrittskarte.

Das ist normalerweise kein ernsthaftes Hindernis. Der Besuch öffentlicher Konzerte ohne Eintrittskarte ist eine Art Studenten-Sport, eine Mutprobe, ein Heidenspaß nebenbei. Das Ganze hat nichts mit Betrug zu tun. Es wird niemand geschädigt. Natürlich kann man sich nicht in die erste Reihe setzen. Ein Stehplatz reicht und hindert zudem am Einschlafen. Man muss beizeiten vor Ort sein, um undichte Stellen wie Notausgänge, Bühneneingänge, offene Fenster oder unbewachte Normalausgänge ausfindig zu machen. Jeder entwickelt seine Strategie, um sich Einlass zu verschaffen, vom umgehängten Fotoapparat des Journalisten bis zum blauen Kittel eines Hausmeisters.

An diesem Dezembertag würde die krumme Tour allerdings kompliziert werden, sagt sich unser Mann. Die Aufführung ist seit Wochen ausverkauft. Zahlreiche Ehrengäste, Diplomaten, kirchliche und andere Würdenträger stören das Unternehmen zusätzlich. Es würde ihm etwas Originelles einfallen müssen.

Aber das ist gerade das Aufregende, Prickelnde, das für den phantasielosen Normalverbraucher nicht Nachzuvollziehende.

Längst hat sich Dunkelheit über die Stadt gebreitet. Von der Kärntener Straße aus kann man den Dom mit seinem angestrahlten Turm und charakteristischen Dachmuster sehen. Schritt um Schritt steigt der Puls unseres jungen Musikers, und als er um die Ecke zum Domplatz biegend die Augen hebt, sieht er die Katastrophe mit einem Blick.

O Himmel! Wie zum Kampf gegen die Türken ist der ganze Dom umzingelt, von einer Polizeikette hermetisch abgeriegelt. Sind nicht sogar Ersatzleute und Wasserwerfer im Hintergrund zu sehen? Da ist kein Durchkommen. Das ist nackte Gewalt. Gegen diese Phalanx kommen Geist und Witz nicht an. Langsam und traurig dreht sich unser Held um.

Alles machen sie einem kaputt, denkt er verbittert. Jede kleine Freude. Schade. Jammerschade!

Was tun mit dem angebrochenen Abend? Da kommt ihm der rettende Gedanke. Gleich um die Ecke, im Schatten des Domes, steht das Gästehaus des Deutschen Ordens. Hier hat er einen älteren Freund, einen Mönch, einen Laienbruder genauer gesagt, Ingolf mit Namen. Vielleicht fällt ihm etwas ein.

Dem fällt tatsächlich etwas ein. Etwas Geniales!

Kein Problem, sagt er und lächelt verschmitzt. Wir haben doch seit Jahrhunderten unsere Stammplätze im Dom. Vorn neben der Prinz-Eugen-Kapelle.

Hier hängt meine Kutte. Die müsste passen.

Sie passt tatsächlich einigermaßen, obwohl Bruder Ingolf einen kleinen Bauch hat und etwas kleiner ist.

Du gehst in letzter Minute, ziehst die Kapuze über den Kopf und setzt dich in die zweite Reihe. Sie werden dich anstandslos durchlassen. Unsere Leute halten dich für einen Gast, wenn sie dich überhaupt bemerken. Am Ende des Konzertes ziehst du die Kutte hinter einer Säule aus, steckst sie in den Kunststoffbeutel, den ich dir jetzt gebe und verlässt den Dom als Zivilist. Alles klar?

Es ist am Ende dann doch nicht alles klar. Als er auf die Polizeikette zukommt, steigen Zweifel in ihm auf. Wie, wenn sie mich erkennen, denkt er, als er sich zwischen den Leuten auf dem Platz durchquetscht. Die sehen doch meine Verkleidung. Die Kutte ist viel zu kurz, Hochwasser. Meine Waden gucken ja raus. Ich muss wenigstens langsamer gehen, würdiger. Was mache ich, wenn sie Verdacht schöpfen, den Ausweis verlangen, mich am Ende einsperren. Hier laufen natürlich Leute vom Sicherheitsapparat herum, bei so vielen hohen Tieren. Die haben doch einen sechsten Sinn.

Sie werden mich erkennen. Soll ich umkehren? Das wird das Beste sein.

Ich kehre um!

Aber da ist er schon beim ersten Gendarmen, ein großer Mensch mit Schlagstock und schmalen Lippen, der ihm mit einer Verbeugung den Ring öffnet.

Was jetzt? Nun kann ich nicht mehr wegrennen.

Das Herz schlägt ihm am Hals, ihm wird schwindlig. Er muss sich am Polizisten festhalten. Der sieht ihn scharf an.

Ist Ihnen schlecht, Pater?

Der Wachmann könnte sein Vater sein. Vorsichtig, fast zärtlich geleitet er ihn zum Dom. Die Leute weichen ehrfürchtig zur Seite. Einige bekreuzigen sich.

Kleider machen doch Leute, denkt er, es wäre zum Lachen, wenn es nicht so ernst wäre. Kaum sitzt er in seiner Reihe zwischen den Mönchen, da beginnt das Konzert.

Schon die ersten Töne lassen ihn erzittern: Streng, fugal, wuchtig gleich beim *Introitus*. Das soll Mozart sein? Es könnte einer Passion von Bach entstammen. Keine Spur der Leichtigkeit, der gewohnten Fröhlichkeit. Das ist blutiger Ernst. Man hört es. Dem steht der Tod vor Augen. Nicht abstrakt, sondern konkret. Brahms oder Verdi waren noch quicklebendig, als sie ihre Requien schrieben. Mozart war fast tot, als er seines anfing. Er hatte es noch nicht fertig, da war es aus mit ihm, da ging es ihm an den Kragen. Das muss er gemerkt haben. Die Komposition eines Sterbenden ist das. Wie schwarze Vögel kommen die Töne aus der Grenze zum Jenseits angeflogen, zitternde Geschosse, die das Herz des jungen Mannes in der Kutte treffen, mitzittern und wehklagen lassen über alles Gescheiterte, Unwiederbringliche, dort, wo eigenes Leben aufgegeben wurde, weggebrochen ist.

Wie Eisberge aus dem Nordmeer tauchen die Gesänge und Antiphonen auf, eine nach der anderen, unerbittlich, ernst und majestätisch, türmen sich auf, beängstigend, bedrohlich. Vor dem Jüngsten Gericht ist kein Ausweg, kein Entkommen.

Dies irae, dies illa – welch ein Hymnus von Zorn und Schuld, von Angst und Rache: *Was werde ich Armer sagen, wenn der Richter kommt? Schone mich, Herr, am Tränentag!* Ein Paradies? Gibt es das überhaupt? Eine Erlösung?

Als der letzte Ton des *Agnus dei* verklungen ist, bleibt er noch lange in seiner Bank.

Das ist nicht dein Instrument gewesen, Wolfgang Amadé, murmelt er. Jetzt verstehe ich dich. Hier erst, hier hast du endgültig Abschied genommen vom Adonis, vom kleinen Narziss. Hier hättest du etwas schreiben können für das Dunkle, das Geheimnisvolle. Das Unwiederbringliche. Für mein Instrument.

Aber da war es zu spät.

Er trocknet seine Tränen an der Kutte. Dann zieht er sie langsam aus, wie Ingolf bestimmt hat, packt sie in den Kunststoffbeutel.

Draußen auf dem Domplatz stehen die Menschen noch in Gruppen, reden leise oder schweigen.

Da taucht unversehens jemand aus dem Dunkel vor ihm auf, ein Langer mit schmalen Lippen. Er stutzt, grüßt unsicher: Habe ich den nicht schon einmal gesehen?

Kopfschüttelnd verschwindet er wieder im Dunkel.

Sommer

Sommer war ein kleiner, schweigsamer Mann mit schütterem Haar, schmalen Schultern und dünnen Lippen. Zwei hellblaue, ständig zwinkernde Augen verliehen dem blassen Gesicht einen unsicheren, zerbrechlichen Ausdruck. Man konnte ihm nichts Böses zutrauen. Und in der Tat: Keiner Fliege hätte er etwas zu Leide tun können.

Das war schon früher so gewesen, im Heim, in dem er aufgewachsen war. Wehren konnte er sich nie. Aber er hatte beizeiten gelernt, sich anzupassen, nicht aufzufallen, sich abzuhärten gegenüber Angriffen und Blessuren. So lange er denken konnte, musste er sich anpassen, durch Untergebenheit und Hilfsbereitschaft die Reste von Beachtung und Sympathie einheimsen, die vom Tisch der Großen abfielen. Er wollte keine Vorteile haben, nur in Ruhe gelassen werden. Das genügte ihm.

Indessen war das nicht die volle Wahrheit. Sommer war kein berechnender Untertan, kein pfiffiger Heuchler. Jedenfalls nicht vordergründig. Er mochte seine Mitmenschen wirklich. In gewisser Weise liebte er sie. Wenn ihn freundliche Gesichter umgaben, war er in seinem Element. Sommer war menschensüchtig. Er brauchte Menschen wie Hungernde das Brot. Besonders kleine, schwache und hilfsbedürftige. Ohne Menschen fühlte er sich verlassen.

Da war es nur logisch, dass er Pfleger werden wollte. Etwas anderes fiel ihm nicht ein. Da könnte man sich wohlfühlen, dachte er in seinem einfältigen Gemüt.

Aber es war nicht so einfach, Pfleger zu werden. Da hätte er eine Fachschule besuchen müssen. Und dazu reichte es nicht. Sommer war nicht nur gutmütig, sondern auch lernschwach. Schon die Grundschule musste er vorzeitig abbrechen, und eine Fachschule war außerhalb seiner Reichweite. Dann hatte er es irgendwie mit einigen Tricks und guten Worten doch noch zum Hilfspfleger gebracht. Damit war er glücklich.

Auf seiner ersten Station im lokalen Bezirkskrankenhaus gelandet, stürmte er vom ersten Augenblick an von einem Bett zum anderen und verrichtete bereitwillig alle Dienste, die ihm aufgetragen wurden. Je schlechter es dem Patienten ging, umso besser ging es Sommer.

Bei seinen beiden Kollegen ging es nicht so gut. Um ehrlich zu sein, es ging sogar schlecht. Sie mochten ihn nicht und ließen ihn das spüren. Die beiden schoben eine ruhige Kugel. Keiner riss sich ein Bein aus. Auf zwanzig Schwestern kam meist ein Mann. Männer waren etwas Besonderes im Pflegebereich. Sie hatten ihre Privilegien. Und im Operationssaal stand die Muskulatur ohnehin höher im Kurs als die Seele.

Plötzlich kam dieser kleine, umtriebige Kerl und stellte die Alten in den Schatten. Er verkürzte die gewohnten Pausen, rauchte nicht, trank nicht, arbeitete über die Dienstzeit hinaus. Das war natürlich ärgerlich.

Es gab aber noch einen anderen, unausgesprochenen Grund für Sommers Unbeliebtheit: Er war in der Partei. Sommer war Genosse. Und die waren ohnehin nicht beliebt. Man verzieh es allenfalls den großen Tieren. Wer Chef werden wollte, kam irgendwann an dieser Klippe nicht vorbei. Aber ein Hilfspfleger? Was wollte der in der Partei? Wenn er wenigstens überzeugter Kommunist gewesen wäre. Selbst davon konnte keine Rede sein. Sommer wusste nicht einmal genau, was Kommunismus ist.

Bei der Armee hatte es begonnen. Da hatten sie ihn in die Zange genommen. Zwei Offiziere waren es gewesen. Er erinnerte sich noch genau. Erst erkundigten sie sich nach seinem Befinden, redeten drum herum. Dann kamen sie zur Sache.

Wir hätten da noch eine spezielle Frage an dich, Sommer. Wie stehst du eigentlich zu unserem Staat und seiner Politik? Sommer senkte die Augen. Was sollte er dazu sagen?

Fühlst du dich nicht wohl in unserem Land? Du bist doch Teil der herrschenden Klasse?

Oder gefällt dir etwas nicht?

Sommer zuckte zusammen. Er war in einem staatlichen Heim aufgewachsen. Auszustehen hatte er dort nichts gehabt. Er kannte ja nichts anderes.

Glaubst du nicht, dass du unserem Staat etwas schuldig wärst für das gute Leben hier?

Sommer rührte sich nicht.

Hast du eigentlich etwas gegen die Partei der Arbeiterklasse?

Sommer schüttelte den Kopf. Was hätte er dagegen haben sollen.

Das haben die beiden Offiziere als Zustimmung angesehen. Sie legten ihm ein Blatt Papier hin. Sommer unterschrieb.

Damit hatte sich noch nichts in seinem Leben geändert. Keiner wusste von seinem Parteieintritt, bis er in dieses Pfleger-Kollektiv kam. Er selbst hätte es bald vergessen, wenn sie ihn nicht zu den Parteiversammlungen zitiert hätten.

Irgendwie hatten die Kollegen das herausbekommen. Eigentlich war Sommer als Hilfspfleger in ihren Augen kein Kollege. Und dann noch Genosse. Nicht nur, dass sie ihm grundsätzlich die ungeliebten Arbeiten zuschoben: Toiletten scheuern, Enten leeren, Schieber auskippen, was er ja nicht ungern tat. Sie trieben ihren Spott mit ihm, wo sie konnten. Einmal tauschten sie seine Schuhe aus, so dass er am Abend mit einem braunen und einem schwarzen in der Straßenbahn saß. Ein anderes Mal streuten sie ihm Salz in den Kaffee. Als sie einmal eine Labormaus in seiner Kitteltasche versteckt hatten, eskalierte der Konflikt. Die Maus entwich ausgerechnet in einem Vierbett-Zimmer aus der Tasche, sprang zum Entsetzen einer Patientin auf ihre Bettdecke, von dort auf den Fußboden, sauste kreuz und quer durch den Raum und verschwand am Ende unter einem Schrank. Die vier Kranken hielt es bei diesem Schauspiel nicht mehr in den Betten, sie flüchteten kreischend auf den weiß gekachelten Flur. Die Maus musste vom Hausmeister eingefangen werden, und Sommer wurde zur Leitung zitiert.

Wo haben Sie die Maus her, Sommer?

Sommer zuckte mit den Achseln, murmelte etwas und zwinkerte nur mehr mit den Augen als sonst.

Die Maus wird doch nicht von allein in Ihren Kittel gekommen sein.

Warum nicht? Ich...

Halten Sie uns bitte nicht für dumm, Sommer!

Sie wurden wütend.

Sommer ahnte, wo die Maus hergekommen war, sagte aber kein Wörtchen mehr.

Die drei Vertreter der Hausleitung waren über seine Verstocktheit erbost und beschlossen, ihm eine Abmahnung zu erteilen. Die Parteisekretärin war am Anfang dagegen, weil sie ein ungutes Gefühl hatte, fügte sich aber der Mehrheit.

Ich war zu dieser Zeit Assistenzarzt in der gleichen Klinik und hatte dem Ärger keine Beachtung geschenkt. Doch dann geschah etwas, das mich mitten hineinzog in die Affäre.

Es war vielleicht ein halbes Jahr später, Anfang der siebziger Jahre. Da kündigte sich etwas an, was niemand für möglich gehalten hätte: Wahlen! Es sollte freie Wahlen geben. Nanu, sagte ich mir, da kann etwas nicht stimmen. Wir hatten doch keine Opposition im Land, keine Gewaltenteilung, keine sichtbare Pluralität. Das alles hatte man uns als bürgerliches Lügengespinst seit Jahren ausgeredet. Was sollte man denn wählen?, fragte ich mich irritiert. Pluralität gab es natürlich noch unter der Oberfläche, in den Kneipen und Hinterzimmern.

Es dauerte nicht lange, da kam der Schwindel heraus. Man konnte tatsächlich wählen, aber nur in einer Richtung, nur zustimmen. Zustimmen zu einer Einheitsliste, die von der Regierung erstellt worden war. Ablehnen, gar abwählen war nicht vorgesehen.

Ich beschloss, dieser Pseudowahl fernzubleiben, und ließ mich zum Dienst in der Klinik einteilen. Dadurch vermied ich jede Erklärungsnot und war einfach weg. Da hatte ich aber die Genossen vom Wahlbüro unterschätzt. Die suchten mich hartnäckig. Ein nicht wählender Doktor war ein Prestigeverlust. Und Prestige wurde großgeschrieben in diesem Lande. Hundert Prozent Wähler und möglichst hundert Prozent Ja-Stimmen, das war das Planziel.

Eine Stunde vor Schließung der Lokale standen tatsächlich drei Männer mit finsterer Miene in der Tür meines Dienstzimmers. Einer von ihnen trug eine Wahlurne.

Doktor, Sie haben offenbar vergessen...

Sie irren, meine Herren. Ich habe nichts vergessen.

Warum sind Sie dann nicht zur Volkswahl gegangen?

Aus persönlichen Gründen.

Wir möchten aber Ihre persönlichen Gründe wissen.

Es besteht nach meiner Kenntnis keine gesetzliche Wahlpflicht, also bin ich auch nicht verpflichtet, Ihnen Gründe zu nennen.

Nicht zu glauben! Da studiert einer wie sie auf unsere Kosten an der Universität, erhält einen hochtrabenden Titel und ein gutes Gehalt, gehört jetzt zur Intelligenzia, muss sich nicht mehr die Hände an einer Werkbank oder in einem Kuhstall dreckig machen und ignoriert zum Dank die Kandidaten der Nationalen Front, die ihm dieses sorgenfreie Leben erst ermöglicht haben! Eine Unverschämtheit!

Falsch, meine Herren. Ich habe auf Kosten meines Vaters studiert und keinen Pfennig Stipendium vom Staat bekommen.

Aha, noch schlimmer. Da stammen Sie vermutlich aus Kreisen, von denen die Arbeiterklasse früher ausgebeutet wurde.

Der Streit war allmählich immer lauter geworden. Patienten versammelten sich neugierig an meiner Tür.

Am Ende erschien die Stationsschwester. Sie setzte die Vertreter der Arbeiterklasse sanft, aber energisch unter Verweis auf die gebotene Klinikruhe an die Luft.

Ich machte mich auf ein Nachspiel gefasst. Das kam prompt am nächsten Tag. Ich wurde zur Parteileitung zitiert. Als ich das Zimmer der Parteisekretärin betrat, lächelte sie mir freundlich entgegen und bot mir einen Stuhl an. Ich war verunsichert, hatte etwas anderes erwartet.

Bitte Doktor, Nescafé aus Berlin. Vom Klassenfeind. Sie zeigte mir die Dose und lächelte wieder spitzbübisch. Eine etwas füllige Mittfünfzigerin war sie, mit leicht vorstehenden Augen, die ihrem Gesicht einen aufmerksamen Ausdruck gaben. Sie schaufelte etwas vom kostbaren Pulver in zwei Tassen, goss heißes Wasser auf und setzte sich zu mir.

Sie haben gestern Ärger gehabt, wurde mir berichtet. Darf ich mit Ihnen darüber sprechen?

Plötzlich war sie wieder ernst geworden. Ich nickte.

Die Genossen haben einen großen Fehler gemacht. Sie wollten Sie zur Wahl zwingen. Das war nicht nur dumm, sondern falsch. Ich habe sie dafür kritisiert. Ich bin zwar auch traurig, dass Sie die Wahl boykottiert haben, zumal Sie die Gelegenheit, die Kandidaten vorher zu befragen, nicht nutzten. Sie hätten sie auch in Frage stellen können. Das ist nämlich der Unterschied zur bürgerlichen Wahl, bei der es keine wirklichen Alternativen gibt. Aber Sie haben natürlich ein Recht, die Wahl zu verweigern, ohne es begründen zu müssen. Da gibt es kein Problem.

Ehe ich mich vom Staunen erholt hatte, fuhr sie fort.

Jetzt habe ich aber noch ein Problem.

Aha, dachte ich mir: Stasi!

Es kam aber anders.

Es geht um den Kollegen Sommer. Dem machen sie das Leben schwer auf Station. Er hat mir sein Leid geklagt.

Nun berichtete sie mir alles, das ganze Sommer-Leben und Sommer-Leid, und ich sah zu meinem Erstaunen, dass es selbst bei dieser herrschenden Partei etwas gab wie einen Beichtstuhl, Mitleid und Hilflosigkeit. Sie hatten zwar die Macht im Staat, aber was half die ihnen bei menschlichem Versagen, beim Anbahnen von Versöhnung und Frieden.

Helfen Sie mir, Doktor. Eigentlich nicht mir, sondern dem Genossen Sommer. Eigentlich auch mir.

Ich versprach, es zu versuchen.

Als ich ihr am Ende die Hand gab, schienen die leicht vorstehenden Augen etwas vermehrt zu glänzen. Sicher war ich aber nicht.

Zurück auf Station tat ich erst einmal nichts. Ich war unschlüssig. Als ich Sommer nach einer Woche suchte, war er weg.

Gekündigt, sagte der Kaderleiter. Wohin Sommer gegangen war, wusste er nicht oder wollte es nicht sagen.

Ich habe es später herausbekommen. Er hatte sich im Keller seines Hauses erhängt.

Mit seinen Hosenträgern, sagte mir der Gerichtsmediziner.

Das Geheimnis

Hier ist ein Mann, etwa sechzig Jahre alt, der Ihnen etwas Interessantes sagen will, Herr Doktor!, kündigte ihn die Schwester an. Aber es geht nicht in drei Minuten, meinte er.

An einem späten Novemberabend des Jahres 1990 war er tatsächlich da. Ein kleiner Mann in perfekt sitzender Kleidung, Mantel und Anzug, dazu die korrekt gebundene Krawatte und einen Hut auf dem Kopf, so stand er im Türrahmen meines Görlitzer Arztzimmers und lächelte verbindlich.

Ein Wessi, dachte ich.

Er stellte sich vor und fragte unvermittelt: Kennen Sie mich?

Ich wüsste nicht...

Na, da wird es mir ein Vergnügen sein, ein Geheimnis zu lüften, in dem Ihre Familie eine Rolle spielt.

Aha? Ich wurde neugierig. Was wollte dieser fremde Mensch Geheimnisvolles von unserer Familie wissen, was ich nicht kannte. Wir hatten nie Geheimnisse voreinander gehabt.

Na, dann schießen Sie mal los!

Okay. Es ist jetzt fast vierzig Jahre her, da saß ich hier in Görlitz auf dem Postplatz im Gefängnis. Keine Angst, ich war nicht gemeingefährlich und bin es immer noch nicht. Ich hatte lediglich versucht, nach dem Westen abzuhauen, das reichte damals aus.

Er machte eine kleine Pause.

Weshalb wollten Sie denn abhauen?

Ach, wissen Sie, ich war zwanzig und voller Sturm und Drang. Ich wollte weg, in die Freiheit, ins süße Leben. Auszustehen hatte ich eigentlich nichts, habe alles brav mitgemacht in Schule, Berufsschule, Lehre, Kollektiv... Aber das sollte es gewesen sein bis zur Rente? Da gab's doch noch mehr, etwas, das Abend für Abend ins Zimmer flimmerte, wenn wir in Thüringen bei den Verwandten vor der Glotze saßen. Das war eine andere Welt, eine verführerische! Ich sag's Ihnen ehrlich, ich wollte raus aus dieser lebenslänglichen *LPG Tierproduktion*, aus diesem ganzen sozialistischen Schwitzkasten. Andere Schlager hören, andere Klamotten tragen, andere Länder sehen. Meine Freiheit wollte ich, mein Glück.

Und was verstanden Sie unter Glück? Das private?

Natürlich. Was sonst?

Und Freiheit?

Machen, was ich will. Keinen mehr beachten müssen, der mir in die Suppe spuckt. Selber bestimmen wollte ich. Endlich im Land der unbegrenzten Möglichkeiten leben.

Wie ging es denn weiter?

Sie haben mich erwischt. Ausgerechnet in Thüringen. Es war halt schiefgegangen. Das Risiko, mit dem man rechnen musste. Endstation. Aber darum erzähle ich Ihnen das alles gar nicht. Damit beginnt nämlich erst die Story.

Nach einem reichlichen Vierteljahr im Knast passierte etwas, mit dem man nicht rechnen konnte. Nie und nimmer! Die Endstation wurde wieder Durchgangsstation, gewissermaßen.

Es war im Sommer dreiundfünfzig. Irgendetwas war los draußen. Wir spüren das schon vorher. Man bekommt ja einen siebten Sinn im Kittchen. Außerdem sind die Wände nie ganz dicht. Da sickert vieles durch. Man spürt die Aufregung der Wachleute, ihre Hektik und Nervosität. Ich habe das knisternde Gefühl, irgendetwas wird jetzt passieren. Und dann passiert wirklich was: Ein Schuss knallt!

Ein Schuss!

Aus heiterem Himmel.

Ich erschrecke zu Tode. Noch nie in meinem Leben habe ich einen echten Schuss gehört. Die schießen tatsächlich, zehn, zwölf Mal hintereinander. Wir wissen natürlich nicht, wer auf wen. Ist jemand ausgebrochen? Aber das wäre ja sinnlos. Wohin ausbrechen? Vom kleinen Knast in den großen? Ich komme kaum zum Nachdenken, da entsteht ein ohrenbetäubender Lärm, ein Krachen von eingebrochenen Türen oder Wänden, Stimmen ertönen, Gebrüll, Gejohle, Pfeifen, Getrampel, ehe ich mich versehe, wird an meiner Zellentür gerüttelt, dann wird sie mit einer Eisenstange aufgebrochen, vor mir stehen hunderte tobende, grölende Leute im Innenhof des Gefängnisses, dicht an dicht. Über dem offenen Außenhof bis auf die Straße siehst du Menschen über Menschen. Alle Zellen werden nacheinander aufgebrochen.

Wo ist denn die Wachmannschaft geblieben?, fragen wir uns.

Die Leute packen und umarmen einander. Fast besinnungslos, ohne Papiere, ohne Geld, aber frei, plötzlich frei, werde ich, noch in Sträflingskleidung, von ihrer Masse auf den Postplatz fortgetragen. Wie eine

Flutwelle schwappt die Menschenmenge auf den Leninplatz. Es werden immer mehr, Tausende vielleicht. Ich werde einfach mitgerissen. Reden werden geschwungen, die Zeit scheint stillzustehen. Ich reibe mir die Augen, kann alles nicht fassen, nicht glauben, was da geschieht, habe das Gefühl zu träumen.

Gegen Abend spricht mich einer an, ein junger Mann.

He, Kumpel, wo willst du denn hin in deinem Aufzug? Da kommen die ersten Panzer. Siehst du das nicht? Wenn du dich nicht verkrümelst, bist du ganz schnell dort, wo du gerade herkommst.

Ich? Ich weiß nicht! Ich...ich habe nur ein Zimmer bei den Eltern.

Bist du irre? Dort suchen sie dich doch zuerst. Wenn sie denn wieder suchen sollten. Und danach sieht es verdammt aus.

Er denkt nach.

Komm her, ich nehme dich mit.

In einer Nebenstraße zeigt er mir stolz ein neues Java-Moped.

Die gibt es noch nicht lange zu kaufen. Da setz dich hinten drauf, wir fahren nach Jauernick, ein kleines Dorf in der Nähe. Dort habe ich Verwandte, Bauern mit Stall und Hof. Die sind bisher noch nicht in der LPG.

Was hat der denn ausgefressen?, fragen sie misstrauisch.

Versuchte Republikflucht.

Sie grinsen.

Könnt ihr ihn verstecken, bis die Luft rein ist?

Na, klar.

Sie bringen mich in einen abgelegenen, fensterlosen Schuppen.

Und dort beginnt etwas, woran ich nicht gern zurückdenke. Im Kittchen hatte ich wenigsten zwei Leidensgenossen in der Zelle und am Tag zahlreiche andere bei der Arbeit, Gespräche gab es genug, Ablenkung auch. Was ich hier erlebe, ist Einzelhaft im Dunkeln. Rund um die Uhr Stille und Finsternis. Das können Sie sich nicht vorstellen. Es ist zum Wahnsinnigwerden. Die Zeit bleibt stehen, geht einfach nicht weiter, du verlierst schon nach einem Tag die Orientierung. Schaurig! So kann man nicht leben. Ich habe das Gefühl, ich drehe durch.

Am Abend kommen die Bauersleute angeschlichen, bringen im Dunkeln ein paar Stücke belegtes Brot, etwas Tee, flüstern, die Kinder dürfen nichts mitbekommen. Es vergehen vier oder fünf Tage. Ich habe zu zählen aufgehört, brüte dumpf vor mich hin. Die Leute werden immer einsilbiger. Dann ahne ich es langsam. Sie wissen nicht weiter. Sie sind ratlos und haben Angst. Der Aufstand ist von den Russen niedergeschlagen worden, alles ist wieder beim Alten in der Stadt. Nur – wohin mit mir? Das geht nicht ewig so weiter. Sie müssen mich loswerden. Ich will auch raus hier, zurück meinetwegen. Ich halte es nicht mehr aus.

Warte noch bis morgen, vertrösten sie mich. Wir haben eine Idee.

Am nächsten Tag wird es spät. Es ist stockdunkel, als ich eine Taschenlampe blinken sehe. Sie haben einen Dritten mitgebracht, außerdem Klamotten und ein altes Fahrrad. Was wird denn das? Bringen sie mich zurück in den Kahn?, rätsele ich. Hätte nichts mehr dagegen. Hauptsache raus aus dieser Dunkelkammer, in der ich noch irre werde.

Jetzt fängt der Dritte leise zu reden an. Es ist ein untersetzter Mann von etwa fünfzig mit Brille, Schnurrbart und einer ungewöhnlich tiefen Stimme.

Hör gut zu, mein Freund. Willst du immer noch nach drüben?

Natürlich, sage ich, nicht ganz überzeugend.

Gut. Dann ziehst du dir jetzt die alten Klamotten an und setzt dir den Deckel auf den Kopf. Damit siehst du aus wie ein Landarbeiter. Hier ist ein klappriges Fahrrad, das ist dein Transportmittel für die nächsten Tage. In dem Rucksack ist ein Brot, eine Kanne Tee, eine Pferdedecke, eine Luftpumpe und zwanzig Mark in kleinen Münzen.

Und jetzt pass auf. Ich habe hier einen Zettel mit den Stationen deiner Reise. Es sind nur kleine Dörfer und Nebenstraßen. Alle großen Orte musst du meiden! Ich habe die Tour aus meinem alten Autoatlas herausgeschrieben. Sollten in den Dörfern Wegweiser fehlen, musst du fragen. Wenn es dunkel wird, suchst du dir ein Versteck. Los geht es hier auf der Landstraße nach Markersdorf, mein Plan endet nach etwa zweihundert Kilometern in Grünheide östlich von Berlin. Die letzten zwanzig Kilometer nach Rüdersdorf habe ich dir nicht aufgeschrieben. Das wäre zu gefährlich, wenn sie dich schnappen. Das Ziel musst du dir merken, auswendig: Vogt, Rüdersdorf, Thälmannstraße vierzig. Sag das jetzt zehnmal mit geschlossenen Augen auf. Und dann unterwegs immer wieder. Wehe, du vergisst das. Dann kannst du dich gleich bei der Polizei melden. Vogt ist mein Schwager, den werde ich noch über einen Boten informieren. Er wird sich weiter kümmern.

Und merk dir zwei Dinge: Erstens wird es für dich jetzt lebensgefährlich. Halte die Augen offen, weit offen! Zweitens kennen wir dich ab sofort nicht mehr. Du warst nie hier. Deine alten Knast-Klamotten sind in einer halben Stunde Asche. Verstanden?

Wer war denn das, frage ich den Bauer, der Dicke mit dem Schnurrbart?

Das war unser Arzt. Dem kann man absolut vertrauen. Den lieben alle hier im Dorf.

Im Osten beginnt sich der Himmel zu röten. Der Bauer bringt mich auf die Landstraße, er zeigt mir die Richtung.

Der Plan für mich war genial. Kein Mensch nahm Anstoß an mir. Nur dreimal musste ich einen Anschluss suchen. Ich habe Kinder gefragt. Die sind arglos, sagte ich mir. Es war viel Armee und Polizei unterwegs. Einmal verfolgte mich ein Uniformierter mit seinem Motorrad.

Jetzt ist Feierabend, dachte ich.

Wo geht's denn hier nach Königs-Wusterhausen? schrie er mich an.

Zurück bis zur ersten Kreuzung, und dann links, schrie ich zurück, im Brustton der Überzeugung. Ich hatte natürlich keine Ahnung, verkroch mich noch eine Stunde im Wald. Er kam nicht wieder.

Ich konnte nicht den ganzen Tag fahren, musste Pausen machen, mich verstecken. Zum Glück blieb es trocken. Die Nächte verbrachte ich im Unterholz, in die Decke gewickelt. Die Gegend war flach, manchmal hügelig. Bis Grünheide kannte ich keinen einzigen

Ort. Warten sollte ich für die letzten Kilometer, bis es dunkel wird, hatte mir der Dicke eingeschärft. Die hatten auch Kinder. Als ich in Rüdersdorf in der Thälmannstraße anklopfe, ist es stockdunkel. Der Schwager erwartet mich bereits und versteckt mich in seiner Gartenlaube. Er ist aufgeregt, das merkt man, erklärt mir kurz, wie es weitergehen soll. Am nächsten Tag holt er mich erst abends aus dem Versteck. Ich soll unauffällig drei Meter hinter ihm hergehen, wir dürfen nicht zusammengehörig aussehen. Es ist wie in einem schlechten Krimi. Dann steigt er in die Straßenbahn, ich mit Abstand hinterher. Wir fahren bis Friedrichshagen. Hier ist die Sektorengrenze, danach wird kontrolliert. Wir steigen aus und kommen am Stadtrand in einen dichten Wald. Langsam und vorsichtig schleiche ich auf schmalen Wegen blind hinter ihm her, der sich offenbar auskennt. Er sagt kein Wort. Nach einigen Kilometern kommen wir aus dem Wald heraus, sehen einen kleinen Ort. Schöneiche.

Hier ist die Sektorengrenze, die Grenze zwischen dem DDR-Gebiet und dem sowjetischen Sektor von Berlin. Das letzte Stück ist kreuzgefährlich, sagt er und wischt sich den Schweiß von der Stirn. Hier patrouillieren sie manchmal.

Jetzt sind wir im Stadtgebiet. Ost-Berlin.

In Schöneiche gibt es seit kurzem ein katholisches Vorseminar für Theologie-Studenten. Einer der Studenten kommt aus Rüdersdorf. Der Schwager kennt ihn und hat ihn ins Vertrauen gezogen. Der setzt mich im Park auf eine Bank.

Es ist schon dunkel, als er mich im Gelände des Seminars in ein überdachtes Lager bringt.

Hör zu, morgen geht der riskanteste Teil deiner Reise los. Die Fahrt nach West-Berlin. Am letzten S-Bahnhof, Haltepunkt Friedrichstraße, beginnen die Kontrollen der Grenzer. Zu den Stoßzeiten, früh zwischen sieben und acht und nachmittags zwischen vier und fünf, sind die Waggons voll mit Pendlern auf der Linie quer durch Berlin bis nach Potsdam. Da schaffen sie es nicht, alle zu kontrollieren. Das ist deine Chance. Ich setze dich nachmittags gegen drei hier in die S-Bahn nach Friedrichstraße, du klemmst dir eine Zeitung unter die Nase. Die gleiche Bahn fährt weiter in den West-Sektor, und wenn du Glück hast, dann bist du in einer Stunde drüben. Verstanden?

Nö.

Also noch einmal. Friedrichstraße ist der letzte Bahnhof im Osten. Da kommen sie kontrollieren. Sie schaffen aber nur Stichproben. Wenn du Glück hast, übergehen sie dich, und du kannst auf der nächsten Station aussteigen und bist im Westen. Im goldenen Westen.

Ich nicke nur, zittere, bin vollkommen fertig. Es fällt mir schwer, mich zu konzentrieren.

Es kommt genauso, wie der Student gesagt hatte. Drei Uniformierte besteigen im Bahnhof Friedrichstraße das gerammelt volle Abteil, kontrollieren mit ausdruckslosen Gesichtern die Personalausweise. Ich beobachte sie über den flatternden Rand meines *Neuen Deutschland*, das ich vorher am Bahnhof gekauft habe. Alle haben sie den gleichen Gesichtsausdruck, denke ich. Die armen Kerle. Selbst die im Knast haben die gleiche Miene. Verpass ihnen eine Uniform, und sie werden zu Marionetten, austauschbaren Automaten. Können sie noch lachen? In der Uniform?

Das Kontrollieren nimmt schier kein Ende. Man müsste beten können, denke ich. Ich weiß nicht, wie das funktioniert, beten. Ich kenne kein einziges Gebet. Meine Oma kannte noch welche, sagt Mutter. Ich habe nie einen Menschen beten sehen. Oje, jetzt kommen sie zu mir, würdigen mich aber keines Blickes. Verdreckter Obdachloser, nehmen sie wohl an, hau ab unter deine Brücke im Westen. Ich schließe die Augen. Im gleichen Atemzug schließen sich wie auf Kommando langsam und geheimnisvoll die S-Bahn-Türen hinter einer Welt, die ich für immer verlasse.

An der nächsten Haltestelle rühre ich mich nicht vom Fleck. Reglos stehe ich hinter meinem *Neuen Deutschland*. Traue noch nicht dem Frieden. Dann kommt irgendwann Bahnhof Zoo. Das ist eindeutig der Westen.

Ich steige aus, bin sofort sprachlos, geblendet, halte den Atem an. Alles glänzt und strahlt und duftet, ist geordnet, hell und farbig und von einer ungekannten Sauberkeit. Aufregende Schaufenster mit tausenderlei verführerischen Dingen lassen meine Augen übergehen. Die Menschen treten ruhig auf, sind gepflegt und selbstbewusst. Mir kommen sie alle zehn Zentimeter größer vor als bei uns. Ich bin überwältigt. So etwas habe ich noch nicht gesehen. Wunderbar. Das ist das Paradies.

Langsam fällt der ganze Druck von meinen Schultern, die Dauerangst. Keiner ist hinter mir her, ich habe nichts mehr zu befürchten. Es ist vorbei. Unfassbar! Dann setze ich mich auf eine Steinstufe am Bahnhof, lege den Rucksack auf die Füße und den Kopf auf die Arme, damit mich keiner sehen kann und fange an zu heulen wie ein Schlosshund, mit zuckenden Schultern, die alte Dreckhose wird an den Knien nass. Lange sitze ich da. Ich ahne noch nicht, dass das meine glücklichsten Momente hier sein werden.

Ich will es jetzt kurz machen, denn die Geschichte mit Ihrem Vater endet an dieser Stelle. Das werden Sie ja mitbekommen haben. Der Landarzt in Jauernick war Ihr Vater! Ihn werde ich nie vergessen. Eine beeindruckende Gestalt, von den einfachen Leuten geliebt, mit seiner schlichten Anwesenheit schon heilsam. Alles hätte man dem zugetraut, nur nicht diese wundervolle, nächtliche Räuberpistole.

Ich aber saß nun auf dem blitzblanken Boden des Bahnhofes Zoo, verdreckt, hungrig, unrasiert und fern der Heimat. Ein Begrüßungs-Ständchen hatte ich nicht erhofft, aber wenigstens etwas Interesse und Freundlichkeit. Stattdessen führte mich mein Aufzug und mein abenteuerlicher Bericht geradewegs in die Arme der Polizei.

Für die war ich erst einmal ein verdächtiges Subjekt.

Was? Aus dem Knast ausgerissen, keine Papiere, kein Geld, kein Ausweis, eine irre Odyssee durch ein Land voller *Horch und Guck*, Helfernamen unbekannt, Route unsicher? Das glaubst du doch selber nicht, Freundchen. Da ist doch was faul dran, verdammt faul.

Sie stecken mich nach Steglitz in eine Spezialeinrichtung, ich darf das Objekt wochenlang nicht verlassen, andere Geheimdienstler besuchen mich, versuchen mich anzuwerben. Es folgen Verhöre, Verhöre, Verhöre. Monate vergehen, bis ich endlich Papiere und ein Flugticket nach Bayern habe. Da bin ich schon ziemlich ernüchtert.

In Bayern verstehe ich kein einziges Wort, werde erst einmal arbeitslos. Was ist denn das, arbeitslos? Das kannte ich nicht. Einen Rinderzüchter aus der *Zone* braucht man nicht. Jeder Bauer hat seine eigene Wirtschaft, wie sie sagen, seine eigenen Maschinen, Viecher und natürlich auch Leute. Überhaupt ist so gut wie alles privat, was bei uns volkseigen war. Das musst du erst mal kapieren als Ossi. Land, Häuser, Fabriken, Schulen, Krankenhäuser. Alles privat, bis zum letzten Lokus. Der Mensch ist erst einmal privat und dann Person.

Ich musste manchmal an unsere Topf-Runden in der Krippe denken, wenn die Kindergärtnerinnen ihr Frühstück abhielten. Alle saßen wir punkt neun quietschvergnügt auf den Töpfchen und gewöhnten uns bei Zeiten ans Kollektiv. Welch ein Kontrast!

Ich habe als Rinderzüchter keine Stelle gefunden. Eine Umschulung habe ich abgebrochen, mich mit Gelegenheitsjobs über Wasser gehalten. Zwei Beziehungen gingen kaputt. Die Träume auch. Am Ende hatte ich eine Einraumwohnung und eine Katze, die mich nach dem Dienst erwartet hat. Keinen Menschen. Niemanden. Außer der Schnapsflasche.

Du kriegst nichts umsonst. Alles musst du bezahlen, gnadenlos. Bei uns im Osten war doch das Geld nicht viel wert. Beziehungen musstest du haben. Da bekamst du alles. Beziehung, das ist aber auch Wärme. Ich bin nicht warm geworden drüben. Das ist es. Vielleicht irre ich mich. Vielleicht hat man keine Antenne für Restwärme, wenn man aus einer Wir-Gesellschaft in eine Ich-Gesellschaft kommt.

Spät lernte ich noch etwas: dass ich etwas verloren hatte, unwiederbringlich verloren: die alte Heimat, die

Angehörigen, die Freunde, den vertrauten Rahmen. Zeit ist ja auch Heimat. Meine Zeit. Wo war sie hin?

Jetzt, nach der Wende, habe ich mir gesagt, nun können sie mich nicht mehr schnappen. Jetzt gehe ich zurück. Meine Mutter ist ein paar Jahre vorher gestorben. Ihr Häuschen im Oberland ist noch leer. Da werde ich bleiben. Ein paar Kumpels von früher habe ich wiedergefunden. Die werden mir helfen.

Aus der ehemaligen Töpfchen-Runde?

Er lächelt.

Natürlich.

Dann steht er langsam auf, drückt mir die Hand und geht. Grußlos.

Es ist dunkel geworden, meine Gedanken gleiten zurück in jene Zeit. Die Eltern haben kein Sterbenswörtchen verloren über diesen Vorfall.

Vor der Wende wäre das zu gefährlich gewesen.

Und nach der Wende waren sie tot.

Wie viele Geheimnisse mögen mit ihnen begraben sein?

Das Weissmies

Wir waren, aus der Lausitz kommend, quer durch ganz Deutschland gefahren, es war heiß gewesen im Smog der vielen Fahrzeuge, unmenschlich heiß und ermüdend. Dazu kamen Staus und Baustellen, fast durchgängig LKW-Kolonnen auf der rechten Seite. Zu guter Letzt baute sich am Nachmittag eine schwarze Wand im Süden auf, die sich als ein Hitzegewitter entpuppte, wie wir es noch nicht erlebt hatten. Nur Schritt-Tempo bei vollem Licht in Dreierreihen war möglich. Als wir am Abend in die aufgeheizten Betten einer Landpension sanken, war von erquicklichem Schlaf keine Rede mehr.

Am nächsten Tag sind wir endlich da, todmüde am Ziel unserer Ferienträume in Saas Fee. Mitten in der Schweiz, umgeben von hohen Bergen, förmlich eingekreist und bedrängt von mehr als zehn schneebedeckten Viertausendern, die sich vor den Fenstern unserer Pension auftürmen.

Unmittelbar am Ortseingang hatte uns ein Schlagbaum vor einem großen Flachbau empfangen, der die Autofahrt abrupt beendete. Hier wichen die Straßengeräusche einer paradiesischen Ruhe, nur vom leisen Surren der Elektrokarren und dem gelegentlichen Brummen der gelben Postautos unterbrochen, den einzigen zugelassenen Fahrzeugen an diesem privilegierten Ort.

Nicht alle Sachen vergrößern unsere Wertschätzung mit ihrem massenhaften Erscheinen. Dazu gehört das Automobil. Das glänzende Unikat vor der Haustür hat wenig gemein mit der qualmenden Menge im Stadtzentrum. Die möchten die Einheimischen in ihrem

Bergdorf auch nicht sehen. In Saas Fee haben sie sich etwas einfallen lassen, eben jenen limitierenden Flachbau, der im Prinzip kein Flachbau ist, sondern ein harmlos aussehendes Parkhaus, das sich mit unendlich vielen Geschossen in den felsigen Boden hineinbohrt. Ein verkapptes Hochhaus also, ein unterirdischer Termitenbau. Und die Endstation für alle Otto-Motoren. Wenn man seine Siebensachen auf einem der ebenerdigen Terminals ausgepackt hat, muss man auf einer schraubenförmig in die Tiefe gehenden Fahrbahn einen freien Parkplatz in einem der zahlreichen Untergeschosse suchen. Ich habe die letzte Etage nie erreicht, vermute sie in der Nähe des Erdmittelpunktes. Eine unterirdische Etage sieht aus wie die andere und beherbergt etwa hundert Autos, verschachtelt wie Ölsardinen.

Wir sind etwas zu früh da, sagt meine Frau, dürfen erst in zwei Stunden die Pension anrufen.

So lange können wir hier oben auf der Plattform nicht stehenbleiben, entgegne ich.

Fahr schon mal runter und suche für die Zeit einen Stellplatz. Ich schaue mich derweil im Ort um. Sagt's und verschwindet.

Ich fahre also auf der Asphalt-Spirale in die Tiefe. Es ist kalt und dunkel geworden, als ich eine Lücke finde, in die ich mich einzwänge. Dann nehme ich den Aufzug, mit dem ich gekommen war, lande wieder oben im Terminal und mache es mir auf einer grünen Parkbank bequem.

Vor mir bauen sich in der prallen Sonne respektable Viertausender auf, die ich früher bestiegen hätte, allen voran das Weissmies.

Da müsste man noch hochkönnen, denke ich und versinke augenblicklich in einen traumlosen Schlaf, aus dem mich meine Frau schlagartig aufschreckt.

Los, die Zeit ist um. Hol das Auto.

Was, schon zwei Stunden?

Bring das Auto zum Entladen hoch. Ich warte inzwischen hier. Sie setzt sich auf meine grüne Bank.

Ich haste schlaftrunken zum Lift.

In welcher Etage hatte ich es am Ende stehen gelassen? Ich bin unsicher. Im zweiten Untergeschoss war es, glaube ich. Ich drücke auf den Knopf »minus zwei« und fahre in die Tiefe. Als ich aus dem Lift steige, sehe ich, eben noch von der Sonne geblendet, erst einmal nichts. Auch nach ein paar Minuten wird es nicht viel besser. Wie soll ich hier unter hundert schwarzen Artgenossen mein Auto wiederfinden? Ich taste mich in die Gegend, wo ich es glaube stehen gelassen zu haben, aber da ist nichts. Jetzt fällt mir ein, woran ich es erkennen könnte. Eine abgeknickte Antenne! Das hat mir schon früher einmal geholfen. Man muss sich eben zu helfen wissen. Ich inspiziere die Antennen, die man im Halbdunkel einigermaßen erkennen kann. Aber ich kann meine Antenne nicht finden. Es ist auch unmöglich, wird mir später klar werden, denn das Auto, das diese abgeknickte Antenne hat, steht zu Hause in der Garage. Ich bin mit dem Auto meiner Frau gefahren, was mir momentan entfallen war. Zehn Jahre fahre ich mit meiner abgeknickten Antenne herum und jetzt einmal ein paar Stunden mit einer normalen. Das kann man im Halbdunkel mal vergessen. Ich irre immer noch in dieser Finsternis herum. Langsam packt mich die Wut.

Sollte ich mich in der Etage geirrt haben? Ich suche die Lift-Ecke und fahre eine Etage tiefer. Identische Verhältnisse, Halbdunkelheit, keine Antenne. Im vierten Untergeschoss das Gleiche. Tiefer kann es nicht gewesen sein. Das Auto ist weg. Langsam dämmert es mir.

Sie haben das Auto geklaut. Na klar! Mein Puls beginnt sich zu beschleunigen, mir bricht der Schweiß aus.

Das ist nur Adrenalin, sage ich mir, ein Stress-Hormon, das alle Kräfte mobilisiert. Die werde ich jetzt vermutlich brauchen.

Ich muss zur Polizei. Sofort! Ich renne zum Lift. Oben angekommen hole ich tief Luft. Da trifft mich der zweite Schlag. Die grüne Bank ist leer. Meine Frau ist weg. Wie vom Erdboden verschluckt.

Ich rufe. Keine Antwort. Das ist doch nicht möglich. Erst das Auto, dann die Frau. Bei der Polizei nimmt mir das keiner ab, denke ich.

Vielleich ist sie im Termitenbau unten. Ich fahre nach unten, rufe, brülle. Keine Menschenseele antwortet.

Sie suchte mich gerade in einer anderen Etage, sagt sie mir später.

Ich drücke beim Hochfahren in der Eile den falschen Null-Knopf und lande oben prompt auf dem falschen Terminal. Es gibt von beiden zwei, was ich nicht weiß. Dieser Platz ist mir völlig unbekannt. Jetzt stimmt plötzlich nichts mehr. Meine Frau fehlt, mein Auto fehlt, die Bank fehlt. Alles ist fremd.

Wo bin ich überhaupt? Habe ich Halluzinationen? Der unterirdische Termitenbau, die Schranke – sind die real?

Ich beginne an meinem Verstand zu zweifeln. Es gibt akute Demenzen, fällt mir ein. Die Leute verlieren von einer Minute auf die andere die Orientierung. Das ist normalerweise der Beginn der Erkrankung, wenn man hier überhaupt von normal reden kann. Als Erstes verliert der Patient die Orientierung. Aha! Das ist es doch, was ich jetzt verloren habe.

Was haben uns die Psychiater gelehrt, um die Orientierung zu testen? – Welcher Wochentag ist heute? Welches Datum haben wir?

Mir fällt beides auf Anhieb nicht ein. Um Himmels willen. Ich habe eine Demenz, das ist völlig klar. Seit ein paar Jahren habe ich schon Gedächtnisstörungen. Ich bin achtzig. Namen fallen mir nicht ein, Telefon-Nummern, Begriffe. Ich habe das verdrängt, nicht zugeben wollen.

Wie bin ich überhaupt hierhergekommen? Wann sind wir losgefahren?

Weg, alles weg.

Ich klopfe an die Stirn, verziehe den Mund, mache die Augen auf und zu, stelle mich auf ein Bein. Das ist alles noch normal.

Wenn das jemand beobachtet, denke ich.

Wo muss ich jetzt hin, zur Polizei oder zum Arzt?

Wie ich verzweifelt die Augen hebe, sehe ich vor mir etwas ungemein Tröstliches. Ich sehe das Weissmies. Es steht da, wo es immer gestanden hat, hoch und schön. Ich schließe die Augen. Und wie ich sie ein zweites Mal öffne, steht es immer noch da. Ich könnte es küssen, den herrlichsten Berg der Welt, könnte es umarmen, das Weissmies, meine Konstante, mein Angelpunkt. Wenigstens die Außenwelt stimmt noch.

Jetzt langsam die Ereignisse zurückspulen, und es wird sich alles finden.

Da taucht meine Frau in der Lifttür auf.

Wo warst du denn?, fragt sie mich erstaunt. Ich habe dich die ganze Zeit gesucht!

Es ist wie in der Bibel.

Sie hat den zweiten Lift gefunden. Und mich. Das Auto auch.

Am Ende findet sich tatsächlich alles.

Der Großvater

Der Baum – ein Urbild der Beständigkeit. Er steht fest auf seiner Wurzel und rührt sich nicht. Er steht einfach da auf Biegen und Brechen. Will man ihn fortbewegen, muss man ihn töten. Die Wurzel ist sein Anfang und sein Ende. Manche Menschen sollen Heilung erfahren, wenn sie ihn umarmen. Vielleicht auch nur Trost.

Wenn ich am Stamm herunterblicke, aus dem ich komme, meinem Stammbaum, kommt auch etwas auf mich von dieser Ruhe und Beständigkeit. Bis zur Wurzel reicht mein Blick zwar nicht, aber noch in Sichtweite gibt es Äste, die noch vor kurzem grün waren.

Einer dieser Äste ist mein Großvater. Sein Bild steht noch heute vor mir. Ein mittelgroßer, untersetzter Mann mit blauen Augen unter buschigen Augenbrauen und schütteren Haaren. Eine Gestalt, die kein Aufsehen erregt hätte, wenn da nicht der Blick gewesen wäre. Sanft und streng, vor allem nie direkt. Er streifte einen nur, ging vorbei. Er ließ einen in Ruhe. Hatte nicht das Bohrende mancher Leute, das mir später Angst machte. Obwohl ich ihn nie laut lachen hörte, war sein Blick, ja sein ganzes Wesen heiter. Böse oder wütend konnte er nicht werden. Er trug ein kleines Stöckchen mit sich. Wenn einer der Schüler ganz frech war, bekam er einen Klaps oder zwei auf die Waden. Die waren aber nicht zu spüren, versicherten mir zwei ehemalige Schülerinnen, die ich Jahrzehnte später traf. Seine Autorität und Würde waren die eines Propheten. Prügel brauchte er nicht.

Als Lehrer, später Hauptlehrer, in einem mittelgroßen oberschlesischen Dorf war er gestartet. Vor dem Krieg war das. Er wurde Häuptling einer Gruppe von drei oder vier Referendaren. Sie sollten bei ihm in die Geheimnisse des Unterrichtens, der Wissensvermittlung eingeführt werden. Untergebracht waren sie in einer unserer Bodenkammern.

Das Schulhaus war ein klobiger Bau mit der geräumigen Lehrerwohnung im Erdgeschoss und zwei großen Klassenräumen im ersten Stock. Auf den Stufen der weinumrankten Veranda am Hinterausgang habe ich oft gespielt. Vor der Veranda stand eine Pumpe mit gebogenem Schwengel, an deren Rohr meist ein Eimer hing. Hier holten wir unser Trinkwasser und unser Waschwasser. Auch ich bekam gelegentlich etwas in einen kleinen Blecheimer ab und konnte damit nach Herzenslust panschen.

Die Referendare zählten während ihrer Ausbildung zur Familie des Hauptlehrers und hatten sich ihrer Ordnung zu fügen. Das begann morgens mit dem Frühstück, das aus einem Teller Mehlsuppe bestand, und endete nach dem Abendbrot mit Schiller-Dramen in verteilten Rollen. Da mussten die jungen Herren zuweilen Frauenrollen übernehmen, denn leibhaftige Damen waren in diesem Gremium undenkbar.

Die Kinder aller Altersgruppen wurden gemeinsam in den beiden Klassenräumen unterrichtet. Sie kamen zu Fuß, im Sommer barfuß, von weit her. Einige hatten einen Schulweg von einer Stunde. In der Dorfschule lernten sie Lesen, Schreiben, Rechnen, Heimatkunde, Religion und Musik. Dazu musste jeder Lehrer Geige spielen können.

Die Schüler, Mädchen wie Jungen, trugen einen Ranzen auf dem Rücken, auf dem man im Winter rodeln konnte. Er enthielt in der Regel eine Fibel, eine Schiefertafel und etwas Essbares. Die Tafel war das universale Schreibwerkzeug der Schüler, ausgestattet mit einem Holzrahmen und zarten rötlichen Zeilen für die Schrift. Griffel und Schwamm waren mit Schnüren am Rahmen festgebunden und hingen baumelnd aus dem Ranzen heraus. Wenn ich als Fünfjähriger diese Ausstattung sah, packte mich der Neid.

An den Wochenenden nahm mich mein Großvater regelmäßig mit auf die morgendlichen Spaziergänge über seine Felder. Für mich bedeuteten diese Zeiten ungetrübtes Glück. Mit einer Hand führte er mich, mit der anderen streifte er sanft die aufschießenden Ähren. Beides tat er mit unendlicher Zärtlichkeit.

Ihm gehörten ein paar kleine Äcker, zudem hatte er einen hübschen Garten hinterm Haus, zwei Kühe, ein oder zwei Schweine, Hühner und mehrere Katzen. Der Hund Bobby lag an einer Kette vor seinem Häuschen im großen Schulhof, der in den Pausen von lärmenden Kindern brummte wie ein Bienenstock.

Zur Erntezeit wurden die Kühe vor die Deichsel eines hölzernen Leiterwagens gespannt. Mein Großvater feuerte sie an und rief: Hü! Er hatte auch eine Peitsche dabei, benutzte sie aber nicht. Ich lag rücklings hinter ihm auf den Bodenbrettern des Wagens und guckte in den Mond, der am tief blauen Himmel auch am Tage zu sehen war.

Ach, war das schön! Da gingen mir so manche Fragen durch den Kopf. Wie ist es, wenn einen die Raben fressen?, grübelte ich manchmal. In dem Lied vom Reiter, der in den Graben fällt, hieß es, dass ihn die Raben fressen. Großvater sang es oft. Und wenn ich auf seinem Knie saß, bekam ich Angst und klammerte mich an seinen Arm.

Dass inzwischen ein Krieg in der Welt tobte und so manchen jungen Mann in den Graben stieß, ahnte ich nicht. Meine Welt war heil unter der warmen Hülle von Großvaters Stimme. Er konnte nicht nur singen, er kannte auch alle Märchen auswendig. Manchmal schlief ich auf seinem Schoß ein. Dann legte er mich vorsichtig auf eine alte Decke zu seinen Füßen. Und ich träumte von den Raben, aber sie waren sanft und nicht gefräßig.

Sonntags nahmen mich die Großeltern mit zur Messe in die kleine Dorfkirche. Da durfte ich neben Großvater auf der breiten Orgelbank sitzen und seinen Füßen beim Spielen folgen. Am Ende des Gottesdienstes verließ ich an seiner Hand die Kirche. Wenn wir über den Friedhof gingen, verstummten die Gespräche der Dorfleute, sie verneigten sich ehrfürchtig, die Männer zogen den Hut und machten Platz. Viele waren seine Schüler gewesen. Mein Großvater war nicht nur Hauptlehrer und Organist, er war auch Standesbeamter der vielen Dörfer im Umkreis. Er kennt alle Geburts-, Sterbe- und Hochzeitsdaten auswendig, sagten die Leute. Er war etwas Besonderes, eine Art König. Ein stiller, guter König. Da konnte einem nichts passieren.

Aber einmal passierte doch etwas.

Es war ein sonniger, ganz gewöhnlicher Herbsttag. Die Ernte war längst eingefahren und in der Tenne von drei kräftigen Burschen gedroschen worden. Ich saß vor dem offenen Scheunentor in meiner Welt und spielte mit meinen Steinen und Stöckchen. Vier Gebäude umschlossen den Schulhof. Außer der Scheune waren es der Stall, das Schulhaus und eine Reihe von hölzernen, schmalen Schülertoiletten. Vor dem Stall erhob sich ein Misthaufen auf einer gemauerten, quadratischen Grube. An diesem Tage hatten die Leute in der Frühe den Mist in einem stinkenden, tropfenden Leiterwagen, deren Leitern durch Bretter ersetzt worden waren, auf die Felder gebracht.

Vom stolzen Misthaufen war ein leeres, quadratisches Loch übriggeblieben, das von einem kniehohen Mäuerchen umgrenzt und mit Jauche gefüllt war. Der Gestank hatte sich noch nicht vollständig verzogen, was mich aber nicht störte. All das gehörte zum Duft dieser Zeit, zum Aroma des Glückes im großelterlichen Märchenland. Ich hasste die Reinigungsprozeduren bei den Eltern zu Haus, die kleine Badewanne, den Schrubber, die Kernseife. Hier durfte ich zusammen mit Bobby im Dorfteich baden, mich mit Matsch beschmieren, auf der blanken Erde in zerrissenen Hosen sitzen und nach Regenwürmern graben. Als die Stalltür hinter meinem Rücken quietschte, wusste ich, was das bedeutet. Tante Mia brachte zwei Eimer mit Küchenabfällen, das Futter für Klara, das Jungschwein. Sie schloss die Stalltür.

Plötzlich passierte etwas Unerwartetes. Die Tür wurde von innen mit einem Ruck aufgestoßen und Klara sprang mit einem Riesensatz ins Freie. Sie musste irgendwie ihrer Box entkommen sein und flitzte wie ein Blitz über den Hof, gefolgt von der gestikulierenden, schnaufenden Mia, die Klaras Galopp nicht folgen konnte.

Klara, schrie sie immer wieder. Klara, sei doch vernünftig!

Aber Klara dachte nicht daran, vernünftig zu sein.

So geht es nicht weiter, wurde es Mia nach einigen Minuten klar. Ich muss mir Verstärkung holen. Bald waren der Junglehrer, mehrere ältere Schüler und die Großmutter auf dem Hof. Zunächst wurden die Tore zur Straße und zum Garten geschlossen. Nun wurde es für Klara eng. Nachdem sie eingekreist und fast gefangen war, passierte das nächste Unglück: Klara sprang in ihrer Not über die Umfassungsmauer der Grube und landete mitten in der Jauche. Sie schwamm zwar aufgeregt im Kreis herum, würde hier aber aus eigenen Kräften nicht herauskommen und früher oder später ersaufen. Das war abzusehen.

Jesus, Maria, schrie die Großmutter. Nante!

Nante war der Großvater, der eigentlich Ferdinand hieß und den man sonst von Alltagsproblemen fernhielt. Jetzt musste er aber für eine schnelle Lösung sorgen. Klara, das liebevoll gemästete Juwel der Familie, war der Schweinebraten für die Wintersaison. Wenn ihr Schicksal in der Jauche enden sollte, müsste man sich an den Sonntagen mit Sauerkraut und polnischen Klößen begnügen. Nicht auszudenken!

Da erschien endlich Nante im vollen Ornat im hinteren Türrahmen. Anzug, weißes Hemd und Weste. In der Hand hielt er noch ein kleines Zeigestöckchen von der letzten Unterrichtsstunde. Aus der Westentasche baumelte die Uhrkette. Hinter ihm quoll eine begeisterte Schülermasse aus dem Schulhaus in den Hof.

Nante schritt sofort in Richtung Grube. Vor der Umfassungsmauer hielt er kurz inne, zog ein Hosenbein hoch und setzte seinen Fuß auf die Mauerkante.

Was nun kam, ging so rasend schnell, dass es kaum zu verfolgen war.

Das Mäuerchen erwies sich für den gewichtigen Großvater als etwas zu hoch. Einige beherzte Schüler halfen ihm durch Heben und Schieben, die Hürde zu erklimmen. Als Nante schließlich balancierend oben stand, stellte sich heraus, dass er eine winzige Spur zu viel Schwung bekommen hatte. Ein seidener Faden hätte ausgereicht, ihn zu halten. Aber nicht einmal den gab es in diesem Moment. Keine Spinnwebe. Nichts. Die letzte Rettung war das Zeigestöckchen, auf das er sich stützen wollte, aber es zerbrach. Die Tragödie nahm ihren Lauf. Er stürzte im Zeitlupentempo, vor den Augen der verblüfften Zuschauer, in die Grube. Die Jauche war zwar nur knietief, aber er fiel um und versank, konnte am Ende nur knapp den Kopf vor dem Untertauchen retten.

In dem Augenblick, da der Großvater drin war, war das Schwein draußen. Man konnte gar nicht so schnell gucken, wie das geschah. Ganz draußen war es zwar nicht, aber es hatte sich, von Panik ergriffen, mit den Vorderläufen auf das Mäuerchen gerettet und konnte sogleich, von vielen Händen gepackt, herausgehievt und, unter lautem Quieken, in den Stall zurückbefördert werden.

Nun war nur noch einer drin. Wenn mir wenigstens das Schwein Gesellschaft leisten würde, kam es ihm in den Sinn! Aber es war zu spät, er war allein, stand mit hängenden Armen in der Jauche und tropfte. Ein Bild des Jammers. Nicht einmal beschämt oder blamiert sah er aus. Eher erschrocken und hilflos. Ringsum herrschte Grabesstille, lautloses Entsetzen, keiner wagte zu lachen. Der König, der Erhabene und Verehrte war entthront, der Makellose war selbst zum Makel geworden.

Langsam erhob sich der Großvater von den Knien und strebte breitbeinig, von der dickflüssigen Jauche zu langsamer Gangart gezwungen, dem Mäuerchen zu. Viele Hände streckten sich ihm entgegen und zogen ihn auf den trockenen Boden. Nach kurzer Atempause wankte er, von zwei Frauen gestützt und eine braune Spur hinterlassend, über den Hof, bis er unter dem dunklen Deckbalken der Haustür verschwand. An einen weiteren Unterricht war nicht mehr zu denken. Das Drama der letzten Minuten hatte die Kinder verstummen lassen.

Was mit Nante im Folgenden geschah, blieb vor der Öffentlichkeit verborgen. Es spielte sich vorwiegend in der Küche ab, einem großen rechteckigen Raum mit Schränken, Regalen voller Geschirr und Hausrat und einem mächtigen eisernen Herd. Hierhin brachten die Frauen die alte Zinkwanne, die ich schon kannte und die gewöhnlich an Wochenenden zur körperlichen Reinigung der ganzen Familie diente, bevor es zur seelischen Fortsetzung in den Beichtstuhl ging. Die Wanne war mir unsympathisch. Jetzt würde sie auch meinen Großvater piesacken, da war ich mir sicher. Die Frauen schleppten eimerweise Wasser von der Pumpe im Hof in die Küche, die für mich verschlossen blieb.

Die Reinigung des Großvaters zog sich in die Länge. Geschäftig rannten Tante und Großmutter mit irgendwelchen Sachen beladen über den Flur. Marika, eine polnische Hilfskraft, stand am Dämpfer und kochte etwas Geheimnisvolles. Großvater blieb bis zum Abend verschwunden. Als er dann erschien, sah er wieder normal aus. Vielleicht etwas verkleidet, fand ich. Wer meint, seiner Würde und Autorität hätte das »Bad in der Sündflut« einen Abbruch getan, der irrt. Er verströmte noch eine Woche lang einen gewissen Duft. Ferner musste ein neues Hemd gekauft werden, denn das alte hatten sie trotz stundenlangen Kochens nicht mehr weiß bekommen. Auch die Uhr hatte das Bad nicht vertragen. Nachdem sie der Uhrmacher in Cosel auseinandergenommen, gespült, geölt und geputzt hatte, nahm sie ihre Arbeit jedoch wieder auf.

Und die Würde? Mit der ist es so eine Sache, sagte der Großvater später. Die sitzt nämlich tiefer drin im Menschen. Da kommt man von außen nicht so leicht heran.

Es sollte lange dauern, bis ihm an der Würde gekratzt wurde. Doch davon ahnte ich zu dieser Zeit noch nichts. In den letzten Kriegsjahren war unsere Welt aus den Fugen geraten. Wir verloren uns aus den Augen. Ganze Völker wurden wie Schachfiguren verschoben und willkürlich neu verteilt. Auseinandergerissene Familien suchten einander wie Blinde ohne Führung.

Ein Jahr nach Kriegsende fanden wir schließlich die Spuren der Großeltern. Die Flucht hatte sie ins unbekannte, ungeliebte Bayern vertrieben, und aus dem Großvater war plötzlich ein Fremder, ein Heimatloser geworden. Über Nacht war aus dem geachteten, geliebten Hauptlehrer ein Flüchtling geworden, ein Einsamer, der nichts galt und nichts hatte. Als Einziger dieser stolzen Familie war er für ein paar Kartoffeln, für ein Stück Brot betteln gegangen.

Ich habe in dem alten, dünnen, traurigen Mann meinen geliebten Großvater kaum wiedererkannt. Sein Blick war unendlich traurig geworden.

Sie haben dem Baum die Wurzel genommen.

Ein Jahr später ist er gestorben.

Ich habe ihn nicht wiedergesehen.

Die Versicherungskarte

Es war Anfang der achtziger Jahre. Eingepfercht in einen alten VW Käfer zwischen Rucksäcken, Taschen, Decken und anderem Krimskrams quälten wir uns, meine Frau, unsere beiden halbwüchsigen Söhne und ich, durch den Schneematsch einer engen polnischen Straße auf dem Weg zum Görlitzer Grenzübergang. Wir hatten den jährlichen Winterurlaub im tschechischen Teil des Riesengebirges verbracht, mit Vorbedacht auf der tschechischen Seite, denn die Tschechen waren freundliche, unvoreingenommene Leute, verlangten kein Visum und waren uns schon wegen des abgewürgten Prager Frühlings sympathisch. Das konnte man von den polnischen Nachbarn nicht behaupten. Nicht nur, dass Westpolen von vielen Deutschen als geraubte schlesische Heimat betrachtet und von westlichen Vertriebenenverbänden sogar lauthals als solche deklariert wurde. 1972 war die polnische Westgrenze für den freien Personenverkehr mit der DDR geöffnet worden, ein gewagtes Unterfangen im damaligen Ostblock, das auch prompt schiefging – vor allem wegen der massenhaften polnischen Hamsterkäufe, die die DDR-Wirtschaft fast, das Bild des Polen in der deutschen Bevölkerung aber komplett ruiniert hatten. Als dann 1980 die besagte Grenze zu Polen wieder dichtgemacht wurde, geschah dies von der DDR-Seite auch, um die unheilvolle Ansteckungsgefahr der aufkeimenden Solidarnosc-Bewegung zu stoppen. Man hatte also gleich zwei politische Fliegen mit einer sozialistischen Klappe geschlagen. Insgesamt brach eine Eiszeit in den Beziehungen der beiden Länder aus. Grenzkontrollen wurden wieder eingeführt, es bestand erneut Visa-Pflicht. Nicht einmal Brühpolnische war in den DDR-Buden mehr zu haben, spotteten die wütenden Bürger. In dieser unfreundlichen Atmosphäre zockelten wir über die löchrigen polnischen Straßen und suchten die kurze Transitstrecke möglichst rasch hinter uns zu bringen.

Da taucht plötzlich in der Ausfahrt von Greifenberg – polnisch Gryfów – ein unheilverkündendes kreisendes Rotlicht im beginnenden Abendnebel auf. Zwei dicke polnische Polizisten sind es, die sich am Straßenrand aufgebaut haben. Offenbar habe ich das Gaspedal zu heftig gedrückt, fürchte ich. Die beiden Gesetzeshüter tragen die üblichen polnischen Schnauzbärte und fixieren mich, als wenn ich jemanden umgebracht hätte.

Aussteigen und Dokumente, proszę – bitte.

Sie sprechen deutsch, schwenken ein modernes Stopp-Gerät in der Hand und haben es an diesem Sonntagnachmittag ersichtlich auf deutsche Urlauber abgesehen.

Sie zu schnell. Sieben Stundenkilometer. Das kostet zweihundert Zloty.

Seid ihr wahnsinnig, denke ich, verschlucke jedoch meine Frage im letzten Augenblick. Das ist viel, zu viel. Aber ich sitze am kürzeren Hebel.

Und das ist erst der Anfang.

Jetzt werden die Fahrzeugpapiere kontrolliert. Sie nehmen sich Zeit. Viel Zeit. Wir klappern inzwischen vor Kälte mit den Zähnen. Schikane ist das, die reinste Schikane.

Dann durchsuchen sie unsere Rucksäcke und Taschen. Alles muss ausgepackt und auf dem gefrorenen Boden ausgebreitet werden. Die Sardinen-Büchsen und eine Flasche Becherovka, vorsorglich im Motorraum versteckt, finden sie nicht. Schon wollen wir erleichtert aufatmen, da sagt einer von ihnen:

Die Versicherungskarte, proszę.

Was??

Die Versicherungskarte.

Um Himmels willen! Ich erinnere mich schwach an so eine Karte, die wir viele Jahre nicht gebraucht und irgendwo zu Hause liegen haben.

Ich zuckte mit den Achseln.

Ohne Karte nicht weiterfahren.

Wie?

Nicht weiterfahren.

Jetzt sind sie es, die mit den Achseln zucken.

Sie sehen doch, ich bin aus Görlitz. Dort liegt die Karte wahrscheinlich. Soll ich die fünfzig Kilometer laufen?

Ihr Problem. Hier wir haben polnische Ordnung.

Ist denn das möglich? Ich könnte heulen. Das Auto ist überladen wie ein Kamel. Nur auf dem Dach acht Paar Schier, für jeden von uns Abfahrtsbretter und Langlaufschier. Dazu die Stöcke. Alles mühsam festgebunden. Wenn ich das Auto hier stehen lasse, klauen sie mir alles. Es ist eiskalt und wird langsam dunkel. Was soll meine Frau mit den Kindern machen? Soll ich trampen? Die Gedanken überschlagen sich in meinem Schädel.

Wie soll ich denn nach Görlitz kommen? Können Sie mir das sagen?

Schön ruhig bleiben. Es gibt Taxi in Gryfów. Es gibt Bus. Und es gibt gute Hotel. Mit gute polnische Küche. Zwei Kilometer schöner Spaziergang in die Stadt. Dort ist auch Polizeipräsidium. Sie bekommen Autoschlüssel zurück, wenn geben Versicherungskarte und zweihundert Zloty.

Das erste Mal lächeln sie flüchtig. Es ist aber ein schiefes Lächeln.

Jetzt platzt mir der Kragen.

Was ist hier los!, schreie ich. Das ist eine Gemeinheit. Ich bin nur auf Durchreise, seht ihr das nicht? Ich will doch gar nichts in Polen, habe keinen einzigen Zloty in der Tasche. Wollt ihr uns hier verhungern oder erfrieren lassen? Außerdem bin ich halber Pole, fällt mir spontan ein. Schaut doch mal auf meinen Namen. Ich kann sogar noch polnisch beten: Święta Maryjo, Matko Boża, módl się za nami grzesznymi teraz i w godzinę śmierci naszej. Amen, psalmodiere ich los, wie ich es als Kind von meiner oberschlesischen Großmutter unzählige Male gehört hatte. Es ist der zweite Teil des Ave Maria: Heilige Maria, Mutter Gottes, bitte für uns Sünder, jetzt und in der Stunde unseres Todes. Amen. Es ist der einzige polnische Satz, den ich kenne.

Und da geschieht das Wunder!

Die beiden grimmigen Zionswächter fangen an zu lachen, erst versteckt, dann laut und schallend, am Ende brüllend, sie lachen sich halb tot, hören gar nicht mehr auf, bekommen keine Luft mehr, fallen fast um.

Der Deutsche kann polnisch beten!

Sie schlagen mir auf die Schulter. Wir setzen uns auf eine Bank am Straßenrand, rauchen eine polnische Zigarette. Ich muss husten.

Vergessen ist die unselige Karte. Vergessen die zweihundert Zloty. Vergessen alle polnische Ordnung.

Als ich abfahre, winken sie mir quietschvergnügt mit ihrer Lampe, mal rot und mal grün. Gute, alte Freunde. Langsam verschwinden sie im Dunkel, bis im Rückspiegel nur noch die roten und grünen Punkte tanzen.

Das Sportfest

Sie war ein Kriegskind. Ein typisches Kriegskind. Es war ein halbes Jahr vor dem Ende des großen Schlachtens, des größten der Geschichte, dem Zusammenbruch, wie es damals hieß, am Ende des Reiches, das tausend Jahre halten sollte. Ein halbes Jahr davor war sie zur Welt gekommen. In einem oberschlesischen Dörfchen, Kostenthal, nahe Cosel. Ohne Vater, ohne Wiege, bald ohne Zuhause. Überschattet von allgegenwärtiger Angst wie von einer schwarzen Dunstwolke, wird sie geboren. Ein denkbar ungünstiger Zeitpunkt zum Start in die Welt, wenn man so klein ist. Deren Bedrohung erspürt sie an den unruhigen Augen der Mutter, saugt sie auf mit ihrer Milch, fühlt sie noch im nächtlichen Luftschutzkeller, wenn der Fliegeralarm die Schläfer in den Keller treibt. Fast täglich drohen Geschwader feindlicher Flugzeuge über dem Elternhaus nahe einer Munitionsfabrik in Heidebreg. Dort werden sie ihre Last abwerfen.

Schon in den ersten Monaten ist sie auf der Flucht. Zusammen mit den drei größeren Geschwistern und paar Habseligkeiten, eingepfercht in ein kleines Auto, gesteuert von einer verängstigten Mutter, um vor der ersten Flutwelle brandschatzender Russen bei Verwandten in der Nähe Unterschlupf zu suchen. Drei Wochen Keller heißt das. Dann kommt eine vage Nachricht vom Vater, ein Zettel aus Mitteldeutschland bei Görlitz. Von einem Flüchtling überbracht. Offenbar lebt er also noch, der Vater. Mein Gott! Aber wie hinkommen? Mit einem Säugling? Die Mutter wagt den Irrsinn. Zu Fuß, mit Kinderwagen, quer durch Schlesien, im Gewirr der Fluchtwelle von Ost nach West. Eine Frau mit einem Säugling zwischen marodierenden Soldaten, brennenden Häusern und fliehenden Menschenmassen, in den Rinnsteinen der Straßen noch Panzerfäuste und Handgranaten, zwischen herrenlosen Pferden Tote, die von Räumkommandos an Ort und Stelle begraben werden, die Nächte im Stroh, in Scheunen oder Schuppen, bettelnd, hastend, hungernd. Die übrige Familie bleibt zurück. Sie wird später nachgeholt werden. Nur nicht an morgen denken, sagt sie sich, heute hat's Leid genug.

Sie finden am Ende tatsächlich den Vater. Er hat den Krieg überlebt. Und jetzt kommt die zweite Katastrophe für das kleine Menschenwesen. Die Mutter wird es plötzlich verlassen müssen. Zurück, den Rest der Familie holen. Für den Vater wäre das zu riskant. Jetzt ist die Kleine verlassen. Von diesem einen Gesicht hat sie gelebt, mühsam Sicherheit und Zutrauen gefunden im Dschungel der Bedrohungen und Ängste. Jetzt ist es aus.

Am Ende ist es nicht aus. Es ordnet sich alles wieder. Die Familie kommt zurück in eine neue Heimat, auch die Wiegenlieder und die kleinen Freuden. Aber alles korrigiert sich eben nicht, etwas bleibt zurück auf dem Grunde dieser kleinen Seele, etwas Dunkles, Bedrohliches: die Angst.

Sie wird ein schmales, blasses Kind mit einem Kleeblattschädel, wie es Edvard Munch immer wieder gemalt und »Der Schrei« genannt hat. Nur schreien wird sie nicht. Vielleicht ganz am Anfang. Später nicht mehr. Zeitlebens nicht. Sie wird leise bleiben, still.

Schreien, das wird sie nicht mehr können. Brüllen erst recht nicht.

So wächst sie auf in dem kleinen Dörfchen der Oberlausitz, Jauernick, unauffällig und unbeachtet. Sie bleibt klein und schwach und unsicher. Häufig ist sie krank, schläft schlecht, hat Panikattacken. Später kommen kurzzeitige Ohnmachtsanfälle dazu, die keiner klärt, nicht einmal der Arzt-Vater. Sie stirbt aber nicht, was die heulenden Geschwister denken. Trotzdem bleibt sie das Sorgenkind der Familie. Auch in der Schule schüchtern, einsilbig, gänzlich unaggressiv. Die Oberschule traut ihr keiner zu, ein Studium – wie bei den übrigen Geschwistern – schon gar nicht.

Dann kommt die Pubertät, sie wird – im Rahmen ihrer Möglichkeiten – etwas kecker, robuster, liest viel. Die Unscheinbarkeit streift sie etwas ab, die Einsilbigkeit.

Ich nehme sie als älterer Bruder erstmals bewusst wahr. Als Student komme ich nicht selten ins Elternhaus, der väterlichen Gespräche und der mütterlichen Küche wegen.

Eines schönen Tages im Herbst 1959 mache ich ihr einen Vorschlag.

Hast du Lust heut Abend zu einem Waldlauf mit mir?

Waldläufe macht man damals nicht am hellerlichten Tage. Es sei denn, man läuft weg.

Sie stellt sich gar nicht so schlecht an, läuft tapfer die paar Kilometer mit ihren kurzen Beinen mit.

Darf ich morgen wieder mitkommen?

Aha!

Von da an läuft sie, wenn ich meine heimatlichen Gastrollen gebe, regelmäßig mit mir durch die Dunkelheit. Wir halten unsere sportlichen Aktivitäten nicht geheim, aber wir reden auch nicht darüber. Und sie wird immer besser, ausdauernder, schneller. Mit der Puste steigt das Selbstbewusstsein, die kleine Gestalt wird straffer, die Stimme fest, die Augen heller.

Und ich stelle mit Erstaunen fest, dass wir langsam Freunde werden. Die Kleine und der Große. Das gibt es.

Freundschaft bekommt man ja nicht automatisch mit der Verwandtschaft mitgeliefert. Eltern und Geschwister müssen nicht Freunde sein. Freundschaft schafft sich Augenhöhe, eine gewisse Gleichwertigkeit. Keine Gleichheit. Sie lebt sogar vom Ungleichen. Der Mann aus Nazareth hat seine Jünger Freunde genannt, nicht mehr Knechte. Freundschaft ist nicht Liebe. Schon gar nicht Verliebtheit. Freundschaft ist ein Geschenk vom Himmel. Sie ist wetterfest. Man kann sie verraten, verleugnen. Trotzdem bleibt immer noch ein kleiner, schmerzhafter Rest.

Zurück zum Sport.

Eines Tages kommt ein großes Sportfest zum Abschluss des Schuljahres. In den leichtathletischen Disziplinen – Hundertmeterlauf, Hochsprung, Weitsprung. Kugelstoßen und Langstreckenlauf – werden Wettkämpfe ausgetragen und am Ende Zensuren vergeben.

Wie lang ist denn euer Langstreckenlauf?

Tausend Meter.

Das hat doch mit Langstreckenlauf nichts zu tun.

Du solltest mal sehen, wie die Leute keuchen. Manche halten das gar nicht durch.

Wie stehst du denn in Sport?

Schlecht. Ich bin zu klein.

Da kommt mir ein Gedanke.

Wann ist denn euer Sportfest?

Sie nennt mir den Termin.

Da werde ich mit dabei sein.

Mitte Juni ist es so weit. Der Sportplatz, die Geräte, Sprunggruben und die umgebende Aschenbahn werden von der Morgensonne zum Strahlen gebracht. Dazu weht ein kühler, ermunternder Wind. Die Kinder der »Polytechnischen Oberschule«, besonders die kleineren, flitzen noch auf dem Rasen herum und müssen erst von ihren Lehrern eingefangen und in Aufstellung gebracht werden, die größeren stehen schon bereit. Die Mädchen der zehnten Klassen treten am Anfang zum Kugelstoßen an. Sie werden die Disziplinen der Reihe nach absolvieren. Am Ende kommt traditionell der Tausend-Meter-Lauf. Da stehen sie aufgereiht wie Rennpferde im Stall, etwa zwanzig sind es. Meine Kleine mittendrin. Die Kleinste.

Ich winke sie zu mir an den Rand, wo ich mit einigen Eltern und Lehrern das Treiben beobachte.

Hör zu!, flüstere ich ihr einige Anweisungen ins Ohr, am Beginn nicht an der Spitze laufen, sich nicht voll ausgeben, Zweite oder Dritte im Feld bleiben, wenn es geht. Ich werde alles beobachten. Wenn ich: Los! schreie, dann Vollgas geben. Wir zwinkern uns aufmunternd zu.

Dann beginnt es. Ich bin selbst aufgeregt. Erst laufen alle Mädchen zusammen los, viel zu schnell. Schon bald, nach drei-, vierhundert Metern trennt sich die Spreu vom Weizen, an der Spitze rennen jetzt zwei lange Blondinen, dahinter in etwa zehn Meter Abstand meine Kleine, locker und ohne sichtbare Mühe, die hat noch Reserven, sage ich mir, dann zieht sich in größerem Abstand das übrige Feld immer weiter auseinander, nach achthundert Metern bleiben einige stehen, können nicht mehr, die Dreier-Gruppe an der Spitze ist aber noch zusammen.

Als die letzten hundert Meter kommen, schreie ich: Los!!

Und zack: Da geht ein Ruck durch die kleine Gestalt, sie verdoppelt plötzlich das Tempo, ist das möglich, es ist grotesk, wie dieser kleine Turbo mit den Beinen wirbelt, die Großen spielend überholt, den Abstand ständig vergrößert und mit guten zwanzig Metern Vorsprung ins Ziel kommt.

Kein Mensch klatscht, keiner schreit, die Leute, auch die Mitschüler, sind fassungslos, reiben sich die Augen, da stimmt doch etwas nicht. Damals kennt niemand die Überlegenheit der Kleinen, die der kleinen Äthiopier beim Marathon zum Beispiel, die den langen Europäern spielend davonlaufen. Man kennt auch den Doping-Argwohn noch nicht. Man glaubt an ein Wunder. Nach einer langen Pause bricht der Beifall los.

Und meine kleine Schwester erfüllt ein eigenartiges Gefühl, das sie noch nie empfand, das sie noch nicht kennt.

Es ist Stolz.

Dieses Ereignis ist eine Zäsur, ein Durchbruch. Vieles Große im Leben beginnt klein, unspektakulär. So ist es auch hier. Sie wird körperlich nicht mehr wachsen. Aber ihr Leben wird einen Schub bekommen, immer voller werden. Unaufhörlich wird sie an Reichweite zulegen, Krankenschwester werden, Fürsorgerin, Sozialpädagogin. Sie wird das Abitur nachholen, heiraten und Kinder bekommen.

Am Ende wird sie nicht nur die eigene Angst abstreifen. Als Rentnerin noch wird sie die Angstzone allen Lebens betreten, die Endstrecke. Sie wird Sterbebegleiterin im Hospiz.

Aus einem schwachen Kind ist eine starke Frau geworden.

Unsere Freundschaft ist geblieben.

Sie hat vieles gelernt. Nur eines nicht.

Brüllen.

Die Leerstelle

Ich saß konzentriert und versunken an meinem Mikroskop, da öffnet jemand hinter mir die Tür des Arbeitszimmers, ohne anzuklopfen, und setzt sich leise weinend in einen Sessel.

Ich habe an eine der Assistentinnen gedacht. Die kommen gewöhnlich gegen Mittag herein, legen Untersuchungsmaterial neben das Mikroskop und verschwinden geräuschlos. Normalerweise weinen sie aber nicht.

Ich drehe mich um, und da sehe ich ihn sitzen, tränenüberströmt, den kleinen, dünnen Mann, einen ehemaligen Mitarbeiter, vornübergebeugt, die zuckenden Schultern vom abgeschabten, weißen Kittel bedeckt,

Wie lange mochte er schon nicht mehr geweint haben?, denke ich. Er hat das Weinen verlernt, das Weinen von früher, als er noch klein war, das strömende, befreiende Weinen, das irgendwann im Lachen endet. Er weiß nicht mehr, wie man weint. Es hat ihn erfasst und bricht sich abrupt seine Bahn.

Etwas Schreckliches muss passiert sein. Ich lasse ihm Zeit, unterbreche die Arbeit, warte einfach.

Mein Junge…, stammelt er, vom Schluchzen erstickt.

Geht es ihm schlecht?

Er ist tot.

Ich kenne den Jungen. Etwas über zwanzig muss er sein, Medizinstudent an der nahen Universität, kerngesund. Weshalb kommt der Vater zu mir? Wir kennen uns kaum. Langsam erfahre ich, was passiert ist. Man hat den jungen Mann in seiner Wohnung gefunden, schon kalt, keine Gewaltspuren, keine Tabletten, keine Vorerkrankungen. Völlig entspannt, wie schlafend, soll er im Bett gelegen haben.

Unfall? Selbstmord? Mord?

Die Leiche wurde beschlagnahmt, es laufen Ermittlungen.

Sie geben ihn nicht heraus, jammert der Vater. Wir dürfen ihn nicht mal sehen. Helfen Sie uns. Sie haben doch Beziehungen.

Ich habe natürlich Beziehungen, denn ich bin Pathologe. Erst nach zehn Tagen wird der Leichnam freigegeben. Kein Anhalt für ein schuldhaftes Verhalten Dritter, heißt es lapidar. Damit ist das Thema für Polizei und Rechtsmedizin erledigt.

Nicht erledigt ist es für die verzweifelten Eltern.

Was hatte er denn? Man stirbt doch in diesem Alter nicht einfach im Bett. Ohne Ursachen.

Die Fragen werden von Tag zu Tag quälender. Haben wir etwas übersehen, unterlassen? Haben wir uns etwas vorzuwerfen? Wieder bitten sie um Hilfe, Aufklärung.

Ich will es versuchen, verspreche ich. Wir werden eine Obduktion durchführen. Und dann werden wir wissen, was passiert ist. Am Ende wissen wir es immer, auch wenn es zu spät ist.

Jedes auch noch so kurze Leben hat einen Spannungsbogen mit einem Anfang und einem Ende. Es muss ein richtiges Ende geben, sonst bleibt etwas Unerfülltes zurück, eine Leerstelle, die ewig schmerzt.

Wir machen uns an die ungeliebte Arbeit, entnehmen Material aus allen Organen, allen Körperflüssigkeiten, inspizieren alles mit bloßem Auge, dann mit dem Mikroskop. Wir kennen uns aus in dem Metier. Manchmal ist die Krankheit verborgen, schwer zu finden. Aber immer findet man sie, wenn einer tot ist: die letzte Ursache.

Wir finden nichts. Rein gar nichts. Das habe ich noch nicht erlebt. Der Mann dürfte gar nicht tot sein. Es gibt eine letzte Möglichkeit… nicht auszudenken: Gift!

Ich gebe eine Gift-Analyse in Auftrag. Die Kollegen in der Rechtsmedizin runzeln die Stirn: Der war doch als *unklarer Tod* schon einmal bei uns.

Sie machen die Untersuchungen trotzdem.

Und finden nichts.

Auch nichts. Wie wir.

Jetzt bin ich am Ende. Lasse das Problem einfach mal liegen. Vielleicht fällt mir später etwas ein.

Da stoße ich zufällig bei der routinemäßigen Zeitschriftenlektüre auf eine wissenschaftliche Arbeit über die Zusammenhänge von Wetterkapriolen und Herzrhythmusstörungen.

Ich werde hellhörig. Nanu, frage ich mich erstaunt. Könnte das die Lösung sein? Das Herz des Verstorbenen bot zwar keinerlei sichtbare Veränderungen, aber akute Rhythmusstörungen muss man nicht sehen. Die sind funktioneller Natur.

Wer kann da weiterhelfen?

Ich rufe den Kardiologen an, nenne ihm den Todeszeitpunkt und hake nach:

Gab es damals etwas Besonderes bei Ihnen, auf der Intensivstation?

Er schaut nach.

Ja, natürlich. Wir hatten ungewöhnlich viele Rhythmusstörungen.

Ist das zu fassen! Sollte es noch weitere Möglichkeiten geben? Erklärungen an Leerstellen, wo es scheinbar nicht mehr weitergeht?

Jetzt nehme ich Witterung auf, wie ein Jagdhund. Erst einmal den Rechtsmediziner anrufen, denke ich.

Sagen Sie mal, kommt es vor, dass Sie bei einer Obduktion nichts finden, keine Erklärung für den Tod, rein gar nichts? Bei einem jungen Menschen zum Beispiel, wenn Sie auf dem Totenschein als Diagnose ein Fragezeichen vermerken müssten? Gibt es das überhaupt?

Natürlich gibt es das. Im Schnitt einmal im Jahr. Oft bei jungen Menschen. Da sind wir auch ratlos.

Schon etwas aufgeregt, rufe ich als Nächstes den lokalen Wetterdienst an.

Zum Todeszeitpunkt hatten wir eine extreme Inversionswetterlage, sagt mir der Meteorologe. Ich weiß zwar nicht, was das ist, bin aber trotzdem elektrisiert. Könnte das die Lösung sein?

Längst geht es mir nicht mehr um den jungen Mann allein, sondern um das Auffinden eines ursächlichen Prinzips. Damals, in den siebziger Jahren, war das alles noch unklar.

Kann man am Wetter sterben? Nicht am Blitz. Am Wetter?

Erst einmal muss ich eine Gruppe unklarer, rätselhafter Todesfälle ausfindig machen. Dann müssen die Wetterbedingungen zu den Todeszeitpunkten unter die Lupe genommen werden. Vermutlich müssen wir Helfer heranziehen, Meteorologen, Kardiologen, Intensivmediziner…

Mit den Recherchen beauftrage ich einen Promovenden. Ich erkläre ihm die Problematik:

Zunächst sollten Sie komplett ungeklärte Todesfälle der letzten Jahrzehnte auffinden. Dazu kontaktieren Sie die Rechtsmediziner der näheren und weiteren Umgebung. Suchen Sie die entsprechenden Protokolle heraus, und dann sehen wir weiter.

Mein Promovend verschwindet und – kommt nicht wieder. Wochenlang ist von ihm nichts zu sehen und zu hören. Was ist da schon wieder passiert? Als er am Ende auftaucht, bin ich sprachlos.

Er hat nichts gefunden. Nicht einen Fall. Er hat Jahrzehnte von Diagnosen durchforstet, ohne Erfolg. Alle Mitarbeiter erinnern sich an ungeklärte Todesfälle. Aber keiner erscheint am Ende im Protokoll. Als offenes Fragezeichen. Als Leerstelle.

Wie ist das möglich?

Ich stelle mir die Situation vor. Das völlige Fehlen einer abschließenden Todesursache ist ja für eine Institution, deren Aufgabe und hohe Kunst es ist, gerade solche Ursachen zu finden, das Eingeständnis von Unwissen, das als Versagen und als peinliche Schwäche empfunden werden kann. Ein solches Unvermögen kann sogar ein schiefes Licht auf das ganze Institut werfen, denn alle Protokolle werden vom Leiter, dem erfahrensten Fachmann der Institution unterschrieben. Wenn der es nicht fand, hat es keiner gefunden. Auch ist rein formal ein nicht geklärtes Leiden in der Internationalen Klassifikation der Krankheiten gar nicht vorgesehen. Weil nicht ist, was nicht sein darf.

Was also tun?

Nochmal von vorn: Der Mensch ist tot. Irgendetwas muss er gehabt haben, sonst würde er noch leben. Das ist logisch. Der diagnostische Aufwand wird noch einmal wiederholt. Und am Ende findet sich tatsächlich etwas. Wird dazu erklärt. Etwas Klitzekleines mit großer Wirkung.

Erstaunlich ist, an was der Mensch glauben kann, wenn er will.

Die unerwarteten und unpassenden Geschehen, die Ausreißer, Ausnahmen und Rätsel werden am Ende geglättet und eingeordnet.

Und nicht erkannt.

Dabei sind sie oft Eintrittspforten für das Unbekannte, das Unberechenbare.

Ich habe dem Vater die Wahrheit gesagt.

Er hat mich lange angeschaut. Seine Augen waren leer.

Der tägliche Seehund

Die zwei grauen Gestalten hoben sich kaum ab vom tiefhängenden Himmel, der sich schier endlos über das Wasser zum Horizont hinzog. Es war der Morgen des Palmsonntags anno domini 1874. Die beiden vermummten Gestalten standen abseits einer wartenden Gruppe von Auswanderern an einer der zahlreichen Kai-Mauern in Bremerhaven. An ihren Pollern hatte ein hölzerner, schon etwas altersschwacher Zweimaster festgemacht, der nach Grönland auslaufen sollte. Unzählige Nordmeerfahrer waren in diesem Hafen schon gestartet und sind nie zurückgekehrt. Als letztes Schiff hatte vor zwei Jahren die *Tegetthoff* ihre Anker gelichtet, ein prominenter Schoner mit Hilfsmotor, einer der ersten Auxiliar-Dampfmaschinen. Wie schon viele Expeditionen vor ihm sollte er die legendäre Nord-Ost-Passage erkunden.

Die Seefahrer, Abenteurer, Forscher und Wagemutigen waren fast alle gescheitert. Auch die *Tegetthoff* blieb verschollen. In allen Häfen des Eismeeres wusste man um die vermisste österreichisch-ungarische Mannschaft und um ihre Reise ohne Wiederkehr.

Auch die beiden grauen Gestalten am Kai, ein junges deutsches Ehepaar, kannte die Tragödie um die *Tegetthoff*. Sie konnten nicht ahnen, dass sich die wenigen Überlebenden des festgefrorenen Schiffes zu dieser Zeit, dem Tode nahe, über das arktische Packeis schleppten und zwei Monate später von russischen Rentierjägern aus dem Eismeer gefischt werden sollten.

Erst zwei Tage zuvor hatten die beiden Deutschen in der fernen Oberlausitz Abschied genommen von Familie, Freunden und Heimat.

Jetzt gingen ihre Gedanken zurück zu diesem Abend. Es war ein besonderer, tief bewegender Abschied gewesen. Vermutlich ein Abschied für immer.

Den Leuten ihrer Heimat waren solche Ereignisse nichts Neues. Hier hauste ein Völkchen besonderer Art, die Herrnhuter Brüdergemeine. Vor mehr als hundert Jahren als Nachhut der Hussiten-Bewegung ins Land gekommen, waren sie vor der katholischen Gegenreformation aus Böhmen geflohen, nachdem ihre Vorfahren halb Europa mit ihren Glaubenskriegen überzogen hatten. Robuste, widerspenstige Dickschädel waren es, die die fanatischen Gene ihres einstmaligen Anführers Jan Hus geerbt zu haben schienen, des Mannes, der nur die Autorität der Bibel gelten lassen wollte und, dafür 1415 auf dem Konzil zu Konstanz verurteilt, auf dem Scheiterhaufen enden sollte.

Ein zentrales biblisches Gebot, die Heidenmission, war Kernstück seiner Lehre gewesen. Mussten doch nach seiner Überzeugung Ungetaufte, die nichts von Christus erfahren hatten, unverdient in der Hölle landen. Als besessene Missionare suchten die Herrnhuter ehrgeizig die entlegensten Winkel der Welt auf, um dem Teufel die Seelen der letzten Heiden abzujagen. So auch die beiden jungen Herrnhuter am Kai von Bremerhaven.

Langsam riss der Nebel auf und ließ den Hafenausgang in der Ferne ahnen. Ein rotes Feuer blinkte weit draußen an Backbord. Sonst nichts. In dieses unendliche Grau sollte es also gehen, bis nach Grönland.

Die beiden, Christoph und Johanna, standen reglos im Morgennebel, als die junge Frau plötzlich den Arm um ihren Mann legte und lautlos zu weinen begann. Mit einem Mal wurde ihr klar, worauf sie sich eingelassen hatte. Ihre Gedanken gingen zurück zum Anfang, als alles noch ein großes, romantisches Abenteuer schien, ein Traum von glänzenden Schneefeldern und flatternden Möwen, von lockender Ferne an der Seite ihres Mannes, für eine aus felsenfestem Glauben erwachsene, gottgewollte Aufgabe. Wie böse Geister tauchen vor ihr plötzlich die Nachrichten aus den spärlichen Berichten ihrer grönländischen Vorgänger auf, dazu die Warnungen, die sie in den Wind geschlagen hatte.

Bitterkalt sollte es sein und ein halbes Jahr stockdunkel, ein furchtbarer Gestank nach Tran und Fisch durchzöge die Iglus und dünnen Zelte, das spärliche Wasser müsse am Leib geschmolzen werden. Es gäbe keine Quellen, keine Bäume, keine Blumen. Nicht einmal Blumen.

Entsetzlich! Die Wiesen zu Hause, der Frühling auf dem Eigen, ihrer idyllischen Landschaft in der Oberlausitz – wo waren sie hin? Johanna konnte ihr Schluchzen nicht unterdrücken.

Dort sollte sie nun Robbenfelle tragen, Tag und Nacht nicht ausziehen – wie machten die nur ihre Kinder? –, der Fisch würde roh verzehrt werden, das Blut getrunken, um Skorbut zu vermeiden. Und was Brot ist, war unbekannt. Der erste Missionar hatte die Vaterunser-Bitte frei mit dem »täglichen Seehund« übersetzt. »Unseren täglichen Seehund gib uns heute und vergib uns unsere Schuld…«, das verstanden sie. Gottseidank gab es in dem kleinen, hölzernen Missionshäuschen echtes Brot, außerdem Erbswürste, Rauchfleisch und anderes, was die Missionsschiffe mitgebracht hatten.

Sie bestiegen das Schiff, das in der Dünung schaukelte. Ihr grauste.

Knapp vier Wochen später, nach einer stürmischen Fahrt über den Nord-Atlantik und einem kurzen Zwischenaufenthalt auf Island, sah die Welt etwas besser aus. Im eisfreien Grönlandstrom waren sie an der Westküste der Insel angekommen. Hunderte Kajak-Fahrer hatten das Schiff von weitem gesichtet und begrüßten die Ankommenden im Hafen von Nuuk. Der Hafen war allerdings nur ein einfacher Holzsteg in einer Bucht, der vom schneefreien Landsaum ins Wasser reichte, nur für Kajaks und kleine Ruderboote tauglich. Die Schiffe mussten auf See ankern und per Hand über die Ruderboote entladen werden. Trotzdem atmete alles Freundlichkeit und Leben. Sogar die winzigen Blümchen zwischen den Grasbüscheln schienen zu lächeln. Es gab sie also doch, die Blumen! Einige Vergissmeinnicht hatte Johanna bemerkt. Selbst kleine Gehölze wüchsen am Südstrand, sagten die Inuits. Die übrige Insel aber war ganzjährig im Packeis begraben.

Einige Wochen später tauchte der Polarsommer die Insel in ein blendendes Weiß, und es war frühlingshaft warm. Die junge Frau saß neben einem alten Inuk auf einer flachen Bank aus Walknochen vor dem Missionshäuschen, einen Steinwurf weit vom Hafen.

Ach Kind, sagte der Alte. Ihr seid ein Geschenk für uns. Wir hätten es nicht mehr für möglich gehalten, nach allem, was wir in den Jahrhunderten hier erlebt haben. Angefangen von den Thule-Leuten bis zur Ankunft der Nordmänner. Nur die Alten wissen noch von allem zu erzählen. Wir sind weder des Lesens noch des Schreibens mächtig. Aber wir können erzählen. Mit den Nordmännern fing das Elend an, sagten die Alten. Grausam wären sie gewesen, grausam und herrschsüchtig, raubten uns aus, zerstörten die Iglus. Wichte nannten sie uns. Die Boote nahmen sie uns weg, die Frauen. Sie glaubten, klüger und stärker zu sein. Und sie waren auch stärker, denn sie hatten Waffen, die wir nicht kannten. Mit denen töteten sie uns, wenn wir uns wehrten. Wir haben viele von ihnen in der Nacht erschlagen. Wir hätten sie alle erschlagen sollen.

Eines Tages waren sie dann weg. Verhungert und erfroren, als auf dem Land plötzlich nichts mehr wuchs, als das letzte Gras verschwunden, der letzte Karibu verspeist und das letzte Schiff verheizt war. Weil sie nicht vom Meer leben konnten. Weil sie es nicht gelernt hatten. Da sind sie verhungert und erfroren, denn es wurde von Jahr zu Jahr kälter. Eine kleine Eiszeit war unmerklich gekommen, und wir hatten endlich Ruhe.

Später landeten manchmal Walfänger und andere Halunken bei uns.

Sie waren alle nicht besser. Irgendwann werden sie uns kaputt machen, dachte ich damals schon.

Und warum habt ihr uns nicht verjagt?

Kind! Ihr kamt wie die Engel vom Himmel, wie die guten Geister, ihr wart ehrlich und hilfsbereit und habt unsere Sprache lernen wollen. Das hatte es noch nie gegeben. Ihr wolltet von uns lernen. Ihr habt uns den Trommel-Tanz nicht verboten. Und ihr hattet wie wir keine Häuptlinge. Wir haben Vertrauen gefasst zu euch. Ihr gehört zu uns.

Liebevoll legt der Alte seine Hand auf ihre Schulter und lächelt.

Langsam geht Johanna auf dem Trampelpfad zurück zum Missionshäuschen, ein Geschenk holländischer Brüder, das anfangs von den Inuit wie ein Wunder bestaunt wurde.

Sie wird viel Zeit brauchen, um auf dem Tran-Stein eine Suppe für ihren Mann zu wärmen, der unterdessen den Kindern mit seinem holprigen Grönländisch die biblischen Geschichten erzählt.

An die nachtlosen Tage mit der ewig kreisenden Sonne haben sich die beiden langsam gewöhnt, stopfen zur Schlafzeit die Fenster ihrer Hütte mit Eisbärfellen zu. Es gibt keinen richtigen Sonnenuntergang, stattdessen wochenlange Dämmerung, monatelang. Und dann kommt die erste Polarnacht, in der die Sonne kaum aufgeht und am Himmel unbekannte, grünliche Flammen zucken, die sie ängstigen. Johanna schreibt bange Briefe in die Heimat. In unregelmäßigen Abständen werden sie von den Missionsschiffen ans Festland gebracht. Das letzte vertraute Lebewesen ist ein Rabe. Mit Saibling und Lachsstückchen hat sie sich den schwarzen Vogel vertraut gemacht.

Von weit her muss er gekommen sein, denkt sie. Am Ende aus der Lausitz? Eines Tages blieb er weg und mit ihm die letzten Blümchen, die letzte Farbe, das letzte Licht. Und es wird bitterkalt in ihrer Holzhütte, die von den wenigen Tranlichtern nicht mehr erwärmt wird. Die doppelten Robbenfelle und die Stiefel aus Rentierleder lassen sie nun freiwillig am Leibe. Trotzdem werden sie nicht mehr warm, bekommen langsam Angst. Da bauen die fürsorglichen Eskimos ein kleines Iglu für sie.

Und siehe da, dort wird es mit nur zwei Tranlichtern richtig mollig. Die warme Luft kann aus dem tiefliegenden Eingang nicht entweichen und wärmt ihre Füße auf den hochgelegenen, mit Fellen gepolsterten Schlafplätzen. Die Bedrohung weicht, die tiefsitzende Angst bleibt.

Derweil flitzen die Eskimos mit ihren Kajaks über die schwarzen Wasser, sie fangen Fische, die sie nicht sehen können. So ein Kajak ist ein maßgeschneidertes Kunstwerk, wasserdicht, wendig und nahezu unsinkbar. Es passt nur einem, nur dem, der drinsitzt. Nie werden die beiden Deutschen dieses Zauberding beherrschen, das verlangt auch keiner von ihnen.

Aber mithelfen müssen sie bei Transporten mit den Hundeschlitten oder dem Schaben der Häute. Das ist auch ein Segen, weil sie sonst jeden Rhythmus, jede Orientierung in der nicht enden wollenden Nacht verlören. Wochentag? Tageszeit? Sie haben es längst aufgegeben zu zählen. So gehen die Tage dahin.

Wenn ich meinen Christoph nicht hätte, ich würde wahnsinnig werden, schreibt Johanna nach Hause. Sie schreibt und schreibt, Seite für Seite auf das graue, unlinierte Papier. Die Zeilen biegen sich wie getretene Schneewürmer. Muss nicht schön sein, denkt sie. Man muss es lesen können.

Dann kommt die Zeit, da die Dämmerung länger und länger wird und eines Tages die Sonne überm Horizont aufblitzt.

Johanna und Christoph haben einen Gast bekommen. Einen schwedischen Geologen, der sich in den Kopf gesetzt hat, über das Inland-Eis das Nordkap zu erreichen. Das hat noch kein Europäer geschafft. Jetzt wird es von

Tag zu Tag heller und wärmer. Wann, wenn nicht jetzt? Er will Christoph mitnehmen. Johanna hat Angst. Der Schwede ist ein Fanatiker, kommt von einer Forschungskommission am Festland. Nordenskjöld heißt er.

Zwei Monate später, es ist Ende April, sitzt Johanna wieder in ihrem Häuschen und strickt an einer Wolljacke für Christoph. Für die Sommermonate. Das Material hat sie aus der Heimat bekommen. Endlich einmal keine Fellsachen! Draußen fällt seit Tagen Schnee in dicken Flocken. Dazu pfeift ein eisiger Wind. Man kann nicht einmal den nächsten Iglu sehen. Vor mehr als drei Wochen war Christoph mit Nordenskjöld hoffnungsvoll bei strahlendem Sonnenschein mit kleinem Schlitten, leichtem Zelt und Proviant für unbestimmte Zeit losgezogen.

Der Grönlandstrom war fast frei von Treibeis. Die ersten Lummen und Enten begannen zu nisten. Nach diesem Wetterwechsel befällt Johanna Unruhe, eine unbestimmte Ahnung, oder war es Angst? Als es dunkel wird, legt sie sich wie immer auf das Lager, kann aber nicht schlafen.

Da! Ein Geräusch, Stimmen...

Sie schrickt auf, läuft zur Tür, starrt ins Dunkel, kann erst einmal nichts erkennen. Nach ein paar Sekunden ist sie sich sicher: Das ist Nordenskjöld, allein, zusammengebrochen im Schnee. Einige Inuit laufen ihm entgegen, sie schleifen ihn in ein Iglu. Es trifft sie wie ein Schlag.

Es ist aus, spürt sie, alles ist aus.

Sie kann sich nicht rühren. Die Gedanken stehen still, die Zeit steht still.

Zwei Männer geleiten sie in ein Iglu. Sie ist benommen, bewegt sich automatisch. Dann erbricht sie. Fisch, alles Fisch. Sie verliert die Besinnung. In der Nacht erwacht sie, auf dem Rücken liegend, zitternd, bekommt Fieber. Eine Woche geht das so. Dann erst kommen die Tränen, kommt die Verzweiflung. Christoph und Nordenskjöld haben sich in einem plötzlich einsetzenden, furchtbaren Schneesturm aus den Augen verloren. Es ist schon fast dunkel gewesen. Der Schwede kann seinen Kameraden nicht finden, versucht schließlich nur, das eigene Leben zu retten. Sie werden ihn unter der Schneedecke jetzt nicht finden, ihm später ein Grab ins Eis hauen, ihn in ein Tuch hüllen, mit Steinen beschweren, wie es üblich ist.

Es wird fast zwanzig Jahre dauern, bis es jemand zu Fuß über das Festland-Eis schafft, Fridtjof Nansen.

Johanna in ihrer Eishöhle ist ratlos, sie ist erstarrt. Ihre Gedanken überschlagen sich: Wie soll ich hier weiterleben? Ohne ihn. Allein. Ich verstehe die Inuit kaum, bin völlig verlassen. Nur Schnee hier, alles weiß, selbst in der Polarnacht wird es nicht richtig dunkel. Die Sterne reichen noch aus, ihn bösartig flackern zu lassen, den allmächtigen Schnee. Es ist unmöglich, ihm zu entgehen. Seiner Kälte, seiner Leblosigkeit, seiner Drohung. Ich will ihn nicht mehr sehen!, schreit sie. Ich werde umkommen in dieser weißen Hölle. Mit Sicherheit werde ich umkommen.

Ich muss hier weg, blitzartig reift ihr Entschluss. Unbedingt weg. Aber wie? Ohne Geld, ohne Schiff, ohne Orientierung. Ich bin hilflos, muss sie sich eingestehen. Die Herrnhuter müssen mir helfen. Sie können mich nicht hier am Ende der Welt sitzen lassen.

Und sie schreibt. Holt mich raus, um Gottes willen. Holt mich hier raus, ich gehe zugrunde. Einen Hilferuf nach dem anderen, eng gekritzelt auf dem alten, vergilbten Papier.

Monate später: In Herrnhut tritt der Ältestenrat zusammen.

Im Saal der Brüdergemeine liegen Briefe aus der Arktis auf dem Tisch. Die Gesichter der Ältesten sind ernst. Was sollen sie tun mit den flehentlichen Bitten aus der Ferne? Angesichts der Verzweiflung einer ihrer Schwestern?

Nach ruhiger Beratung werden sie wie immer zu einem Entschluss kommen. Keiner wird allein entscheiden. Es gibt keine Häuptlinge. *Wer der Größte unter euch sein will, sei der Diener aller!* Das wird ernst genommen.

Zum Schluss sind sie sich einig: Wir werden Johanna nicht holen.

Wir werden Deinen Wunsch nicht erfüllen, schreiben sie ihr. Du hast Dich zum Dienst an den Ärmsten, den Geringsten verpflichtet, wie es unsere Gepflogenheit ist. Und das gilt nach wie vor. Es gibt kein Zurück im Leben. Der Anspruch Gottes rangiert vor dem Anspruch des Menschen. Aber wir werden für Dich sorgen. Wir werden Dir einen Mann schicken.

Und sie machen sich auf die Suche nach einem Mann für Johanna. Es ist nicht das erste Mal, dass in der Mission für einen Verschollenen oder Verstorbenen Ersatz gefunden werden muss.

Stark muss er sein, stark an Leib und Seele. Sonst hält er das nicht durch. Sonst geht er baden. Im Eismeer. Willig und gläubig muss er sein, das wird man ihn fragen müssen. Schließlich sollte er auch ein wenig zu Johanna passen. Da werden wir die Frauen zu Rate ziehen.

Am Ende finden sie einen, der alle Kriterien erfüllt. Otto heißt er, ein Vikar, dreißig Jahre alt und kerngesund, der für die unglaubliche Aufgabe brennt. Mit Feuereifer beginnt er grönländisch zu lernen und kann auf einen irren Glücksfall zurückgreifen, von dem andere arktische Völker nur träumen können. Ein Herrnhuter Gelehrter namens Kleinschmidt hatte vor kurzem eine grönländische Grammatik geschaffen. Einige Eskimos können diese Sprache schon lesen und schreiben.

Ich bringe sie in meinem Gepäck mit, freut sich Otto. Die werden Augen machen.

Eine andere Frage beschäftigt ihn mehr, sie ängstigt ihn. Was mache ich mit dieser fremden Frau? Ich kann das doch nicht Gottes Allmacht überlassen. Bei uns ist es üblich, ohne geschlechtliche Erfahrungen in die Ehe zu gehen. Manche sagen, sie wären beim ersten Mal von älteren Leuten in Gemeinderäumen zur Liebe angeleitet worden, hätten Heiratsvorbereitungsschulen gehabt. Umarmen und Küssen ist ja erlaubt. Aber mehr nicht. Da oben bei den Eskimos bin ich auf mich allein gestellt. Mein Himmel! Im Eis. Wie soll ich denn eine Frau entkleiden, die gar keine Kleider hat? Nur Felle, wurde mir gesagt. Und was mache ich erst, wenn sie mir nicht gefällt? Und ich ihr nicht? Kann man eine Ehe versprechen, bevor man den Partner kennt? Das ist doch unnatürlich!

Otto hat Angst.

Nach ein paar Monaten wird er mit dieser Angst und einem riesigen Seesack in Bremerhaven auf sein Missionsschiff steigen und aufgeregt bei einer Frau in

Grönland ankommen, die er nicht kennt, mit der er trotzdem glücklich werden und drei Kinder in die Eiswelt setzen wird. Die Inuit werden sie lieben, deutsche Kirchenlieder lernen, die sie bis heute singen, Otto wird das Kajakfahren, sogar die Eskimorolle erlernen und achtzehn Jahre bei ihnen bleiben.

Zur Jahrhundertwende, als die Herrnhuter ihr Missionsgeschäft auf Grönland beenden, ist die Sturzflut der westlichen Zivilisation längst über ihre kargen Küsten hereingebrochen. Sie wird eine der letzten Jäger- und Sammlerkulturen der Erde auslöschen.

Wie hatte der alte Inuk gesagt?

Irgendwann werden sie uns kaputt machen.

Und er sollte recht behalten. Wo früher zur Trommel getanzt wurde, torkeln jetzt Betrunkene durch die Polarnacht, wo Iglus standen und Zelte, haben sie Holzhütten aus Kanada hingestellt, was die Leute zum Leben brauchen, müssen sie in Läden kaufen.

Die Inuit haben die Harpunen und das Selbstbewusstsein verloren, die Jungen verlassen die Insel, viele bringen sich um.

Woher ich das alles weiß? Ein Enkel von Otto und Johanna war mein Freund. Er hat mir die Geschichte an einem langen Abend erzählt. Seine Mutter war noch in Grönland geboren worden, dann verlor sich die Spur der Missionsfamilie. Ein kleiner Bodensatz ihres Geistes, ihrer sanften Botschaft ist aber erhalten geblieben im Herzen der Herrnhuter Ableger in Grönland. Dort glimmt auch ein Rest Hoffnung auf ein Überleben ihrer alten Kultur, des Königs von Thule, vielleicht sogar des täglichen Seehundes.

Wer weiß?

Die Wahrheit

Ich hatte gehofft, noch einmal davongekommen zu sein. Sie haben mich vergessen, dachte ich. Tatsächlich. Solche kleinen Sünden gibt es in jeder Bürokratie. Selbst beim Militär.

Vielleicht wollten sie auch Ärger vermeiden.

Nach dem Staatsexamen 1961 waren die meisten jungen Mediziner meines Alters erst bei der Musterungskommission und daraufhin in einer Sanitätseinrichtung der Nationalen Volksarmee gelandet. Das war die Regel. Aber mich hatten sie vergessen.

Nach mehr als zehn Jahren Abstand hatte ich sie auch vergessen. Das heißt, ganz vergessen hatte ich sie nicht. Vieles an diesem Arbeiter-und-Bauern-Staat war ärgerlich, am meisten sein Umgang mit der Wahrheit. Weil ich damals keine anderen Staaten kannte, wusste ich noch nicht, dass das in allen Staaten der Welt ähnlich ist. Bald machte ich die Erfahrung, dass man nicht schweigen musste, dass es einen Grenzstreifen des Widerspruches gab, den man mit etwas Mut und List beschreiten konnte, ohne sich den Hals zu brechen.

In der medizinischen Hierarchie eines mittleren Krankenhauses gelandet, fühlte ich mich zunehmend sicher und wurde immer frecher. Bald war es mir ein Vergnügen, den Löwen am Schwanz zu ziehen, ihn mit scheinbar harmlosen Fragen zu provozieren. Hinterfragen heißt das heute. Und ein Quäntchen Hinterlist ist immer mit dabei.

Bisher waren die Objekte meiner Angriffslust kleine Fische gewesen: Gewerkschaft, Schule, Wahlen, Organisationen und hundert andere Stellen, an denen man den DDR-Bürgern Schwindel als Wahrheit verkaufte.

Bis dann der Brief kam. Dieser kurze, knallharte Brief: Eine Aufforderung, keine Bitte. Die Aufforderung, am Wehrkreiskommando zu einem Vorgespräch über die bevorstehende Einberufung und den weiteren Einsatz in der Armee zu erscheinen.

Sie hatten mich also doch nicht vergessen. Oh je. Ich hatte das unbestimmte Gefühl, dass das ernst werden könnte. Die Armee, das war ein anderes Kaliber. Da verstanden sie keinen Spaß. Jetzt bekam ich es mit der Angst zu tun. Auf Wehrdienstverweigerung stand Knast. Zwei Jahre hieß es. War es das wert?, fragte ich mich. Die üblichen achtzehn Monate Armee würden sie mir vermutlich ersparen. Aber schon ein halbes Jahr bereitete mir Bauchschmerzen. Was sollte ich tun? Klein beigeben oder ins offene Messer laufen? Die folgenden Nächte schlief ich schlecht, träumte von Kaserne, Flucht und Bedrohung.

Seid klug wie die Schlangen und ohne Falsch, hatte ich mal in einem guten Buch gelesen und mir diesen Satz gemerkt. Der Ehrliche muss nicht immer der Dumme sein. In den meisten Fällen ist er es natürlich. Aber das ist offenbar kein Naturgesetz.

Mit einem gewagten Plan im Hinterkopf betrat ich schließlich das Wehrkreiskommando. Sie ließen mich eine Stunde warten, vermutlich aus Prinzip.

Dann wurde ich feierlich in einen mittelgroßen Raum geleitet. Hinter einem grauen Bürotisch thronte unter dem obligatorischen Honecker-Bild ein Offizier mittleren Alters, der mir wortlos bedeutete, auf einem Stuhl vor seinem Schreibtisch Platz zu nehmen. Sein Blick war kühl, ausdruckslos, aber nicht unfreundlich.

Oberleutnant Kern, stellte er sich nach einer Weile vor. Herr Stosiek...?

Darauf hatte ich gewartet.

Der bin ich. Ich darf Sie aber darauf aufmerksam machen, dass ich an einer Hochschule der Deutschen Demokratischen Republik mit magna cum laude promoviert habe.

Es war ungewohnt und fiel mir schwer, dieses Imponiergehabe. Aber es brachte ihn in die Defensive. Und tatsächlich, das hatte er nicht erwartet. Jetzt schaute er mich an, kurz nur und verdutzt.

Gut, Herr »Doktor«. Wie Sie möchten.

Er räusperte sich.

Sie werden am ersten September diesen Jahres für drei Monate zum Wehrdienst in die NVA eingezogen. Wir werden Sie als Arzt einem Medpunkt [Medizinische Einrichtung mit Krankenstation] zuweisen. Den genauen Ort erfahren Sie von uns noch schriftlich.

Er sah auf, immer noch ausdruckslos und nicht unfreundlich.

Haben Sie dazu irgendwelche Fragen?

Ja, die habe ich.

Er war offenbar wieder überrascht.

Bitte schön.

Ich möchte wissen, ob ich in dieser Funktion den Fahneneid leisten muss.

Natürlich müssen Sie das, kam es wie aus der Pistole geschossen.

Dann möchte ich Ihnen sagen, dass ich das freiwillig nicht tun werde.

Er blieb immer noch völlig ungerührt.

Wie Sie persönlich dazu stehen, ist mir egal. Der Fahneneid gehört zur Wehrpflicht, und die ist gesetzlich vorgeschrieben. Wir können über die Schulpflicht auch nicht diskutieren oder die Straßenverkehrsordnung. Wer gesetzlichen Pflichten nicht nachkommt, macht sich strafbar. Ist das klar?

Auch damit hatte ich gerechnet.

Dann muss ich Ihnen etwas erklären.

Hier gibt es nichts zu erklären, Herr Doktor. Das ist Gesetz, sagte er mit erhobener Stimme.

Dem Gesetz will ich auch nichts erklären, Herr Oberleutnant, sagte ich leise. Aber Ihnen als dem Menschen, dem ich jetzt gegenübersitze.

Er nickte, etwas verunsichert.

Ich halte die Ausbildung in einem Medpunkt für grundsätzlich notwendig, hätte auch nichts dagegen einzuwenden. Ich habe während meines Studiums nicht gelernt, mit Verletzungen, Vergiftungen und Strahlenschäden professionell umzugehen. Das ist ein Defizit. Aber der Fahneneid ist etwas anderes. Beim Fahneneid schwöre ich Gehorsam, bedingungslosen Gehorsam, nicht nur wenn es ernst wird. Da muss ich meinen freien Willen aufgeben, mein Gewissen. Ich habe auf der anderen Seite des Eisernen Vorhanges meinen Bruder und viele Angehörige. Potentielle Feinde also. Deshalb kann ich so einen Eid nicht schwören.

Er wendete seinen Blick ab.

Verstehe, sagte er nach einer Weile. Tut mir leid. Aber das kann ich nicht ändern. Denken Sie an den Rechtsverkehr, Herr Doktor…

Er erhob sich, jetzt etwas freundlicher lächelnd, reichte mir die Hand.

Gut, sagte ich.

Dann werde ich den Eid schwören, wo und wann immer Sie wollen. Aber ich werde eine schriftliche Erklärung dazu abgeben. Ich werde erklären, dass ich den Eid nicht freiwillig leiste, dass dieser Eid eine Lüge ist. Ein Meineid. Und diese schriftliche Erklärung werde ich an Sie richten. An Sie ganz persönlich.

Er starrte mich an, erschrocken, fassungslos, völlig verdattert. Das hatte er nicht erwartet.

Sind Sie wahnsinnig?, sagte er heiser. Das geht nicht, das können Sie nicht machen.

Doch, das kann ich machen. Ich habe mich informiert. Es ist nicht verboten. Und es stimmt. Es ist die Wahrheit!

Kommen Sie mir nicht mit der Wahrheit, brüllte er jetzt plötzlich los. Er war aufgesprungen, puterrot im Gesicht. Ich hatte den Eindruck, dass er sich auf mich stürzen wollte.

Keine Angst. Ich werde ja schwören.

Ich ging langsam zur Tür. Dort drehte ich mich um.

Es gibt einen schönen Satz in der Bibel, Herr Oberleutnant: *Die Wahrheit wird euch frei machen!*

Halt!, sagte er. Kommen Sie zurück.

Er hatte sich gefangen.

Machen Sie erst mal gar nichts. Und schweigen Sie über die Sache. Wir werden intern darüber reden. Sie hören dann von uns. Und jetzt gehen Sie!

Ich nickte.

Erst als ich auf der Straße war, begann ich zu zittern. Was wird jetzt kommen?, dachte ich. Das kann gefährlich werden. Wochen vergingen. Nichts geschah. Ich wurde immer unruhiger. Was führten sie im Schilde?

In der Generalität reden sie über dich, flüsterte mir eines Tages ein Kollege zu, der seit geraumer Zeit Musterungsuntersuchungen im Medpunkt machte und solche Gespräche aufgeschnappt hatte.

Als ein Vierteljahr ohne eine Reaktion seitens der Armee vergangen war, wurde ich ruhiger. Und nach einem Jahr war die Episode für mich vom Tisch.

Sie sollte aber noch einmal auftauchen.

Jahre waren vergangen. Da wurde ich von der Nachbarstation meiner Klinik um Hilfe gebeten. Ein Patient randaliere, hieß es. Die Schwestern und die Stationsärztin könnten ihn nicht bändigen.

Was fehlt ihm denn?, fragte ich.

Metastasierendes Magenkarzinom. Aussichtslos. Er beschwert sich über unsere Tatenlosigkeit, rennt auf der Station herum und randaliert. Wir mussten ihn in seinem Zimmer einschließen.

Damals war es noch strikt untersagt, einem Patienten reinen Wein einzuschenken, wenn es aussichtslos war. Sein ganzes Umfeld war mitunter informiert, nur er selbst nicht. Das dünne Hoffnungsfädchen sollte angeblich nicht zerrissen werden, an das sich jeder Mensch nur zu gern klammert. Ich suche also sein Zimmer.

Als ich den Raum betrete, erkenne ich ihn sofort. Es ist Kern. Elend, abgezehrt, leichenblass sitzt er mit aufgerissenen Augen auf der Bettkante und schnappt nach Luft. Die dünnen, aus dem Flatterhemd ragenden Waden, die fahlen Wangen und trockenen Lippen ergeben ein Bild des Jammers, der Verzweiflung. Das heisere Schreien ist eher ein Heulen, seine Stimme überschlägt sich.

Was macht ihr hier mit mir, jammert er. Es geschieht doch seit Wochen nichts. Mir geht es von Tag zu Tag schlechter und nichts geschieht. Wollt ihr mich sterben lassen wie einen Hund?

Nein! – Wir wollen nicht. Wir müssen.

Da dreht er sich ruckartig um. Und dann ist es der gleiche, fassungslose, unvergessliche Blick von damals.

Langsam sinkt er zurück in die Kissen, streckt seine Beine aus, zittert unmerklich.

Wie ein Toter, denke ich.

Es vergeht lange Zeit.

Wann?, fragt er.

Das kann ich Ihnen nicht sagen. Kein Mensch kennt den Tag und die Stunde. Ich kenne meine auch nicht. Es können Tage sein oder Jahre. Medizinisch sind wir am Ende bei Ihnen. Das ist auch unsere Grenze. Kein böser Wille. Aber eines kann ich Ihnen versprechen: Wir werden alles tun, um Ihnen Schmerzen und Angst zu ersparen. Wir haben gute und starke Medikamente. Sie sollen nicht sterben wie ein Hund.

Die Wahrheit…, murmelt er.

Er hatte mich also auch erkannt.

Er ist plötzlich ganz ruhig geworden, fast sanft, sagen die Schwestern am nächsten Tag. Zufrieden. Dankbar für alles, lächelt, wenn ihm geholfen wird.

Drei Wochen später ist er tot.

Die Wahrheit hat ihn ein letztes Mal frei gemacht.

Lieferbare Radius-Bücher. Eine Auswahl

Ursula Baltz-Otto (Hg.): Jeder Tag ein Gedicht. 366 Texte
Gerhard Begrich: Genesis. Das erste Buch Mose neu übersetzt
Gerhard Begrich: Exodus. Das zweite Buch Mose
oder Der Aufbruch in die Freiheit. Neu übersetzt und erläutert
Gerhard Begrich: Leviticus. Das dritte Buch Mose
oder Die Anweisung zu einem geglückten Leben
Gerhard Begrich: Numeri. Das vierte Buch Mose
oder Zwischen Verzweiflung und Hoffnung. Neu übersetzt
Gerhard Begrich: Deuteronomium. Das fünfte Buch Mose
oder Die Vision einer himmlischen Welt. Neu übersetzt
Gerhard Begrich: Das Hohelied Salomos
Eine Dichtung von Sulamith. Neu übersetzt und erläutert
Peter Bichsel: Möchten Sie Mozart gewesen sein? Meditation zu
Mozarts Credo-Messe und eine Rede für Fernsehprediger
DENKSKIZZEN. Zu den Predigttexten der sechs Perikopenreihen
Band 1 herausgegeben von Petra Bahr
Band 2 herausgegeben von Christoph Levin
Wolfgang Erk (Hg.): Neues Jahr – neues Glück!
Literarische Texte zum Geburtstag und zur Jahreswende
Wolfgang Erk (Hg.): Viele gute Wünsche. Literarische Annäherungen
Traugott Giesen: Rufbereitschaft. Texte zum Leben
Peter Härtling (Hg.): Ein Engel für jeden Tag. 366 Texte
Klaus-Peter Hertzsch: Chancen des Alters. Sieben Thesen
Klaus-Peter Hertzsch: Der ganze Fisch war voll Gesang. Balladen
Walter Jens: Das A und das O. Die Offenbarung
Walter Jens: Der Römerbrief
Walter Jens: Die vier Evangelien
Eberhard Jüngel: Anfänger
Herkunft und Zukunft christlicher Existenz
Eberhard Jüngel: Außer sich. Theologische Texte
Eberhard Jüngel: Predigten 1 bis 7 *(auch einzeln erhältlich)*
Otto Kaiser: Das Buch Hiob. Übersetzt und eingeleitet
Otto Kaiser: Kohelet. Das Buch des Predigers Salomo
Otto Kaiser: Die Weisheit Salomos
Eckart Klessmann: Der Unbekannte
Eine Annäherung an Georg Philipp Telemann
Christoph Levin: Bin ich's? 20 Predigten
Christoph Levin: Premierenfieber. 20 Predigten
Gerd Lüdemann/Martina Janssen: Bibel der Häretiker. Nag Hammadi

Henning Luther: Religion und Alltag
Bausteine zu einer Praktischen Theologie des Subjekts
Kurt Marti: Fromme Geschichten
Kurt Marti: geduld und revolte. die gedichte am rand
Kurt Marti: gott gerneklein. gedichte
Kurt Marti: Heilige Vergänglichkeit. Spätsätze
Kurt Marti: Die Psalmen. Annäherungen
Pierangelo Maset: Geistessterben. Eine Diagnose
Elisabeth Moltmann-Wendel: Gib die Dinge der Jugend
mit Grazie auf. Texte zur Lebenskunst
Niklaus Peter: Maulwürfe und Sündenböcke
Aufbrüche aus der Welt des Alltäglichen
Niklaus Peter: Schachfigur – oder Schachspieler. Denkmodelle und
Spielzüge auf den Feldern des Lebens und der Religion
Ruth Rehmann: Flussaufwärts. Letzte Geschichten
Martin Scharpe (Hg.): Erdichtet und erzählt I und II
Das Alte/Das Neue Testament in der Literatur
Martin Scharpe (Hg.): Das literarische Geburtstagsbuch
Asta Scheib (Hg.): Atem der Erde. Lyrik zu den vier Jahreszeiten
Friedrich Schorlemmer: Wortmacht und Machtworte
Eine Eloge auf die Leselust
Friedrich Schorlemmer (Hg.): Das soll Dir bleiben
Texte für morgens und abends
Friedrich Schorlemmer (Hg.): Dezembernacht
Gedichte und Geschichten zur Advents- und Weihnachtszeit
Fulbert Steffensky: Fragmente der Hoffnung
Fulbert Steffensky: Gewagter Glaube
Fulbert Steffensky: Heimathöhle Religion
Ein Gastrecht für widersprüchliche Gedanken
Fulbert Steffensky: Mut zur Endlichkeit
Sterben in einer Gesellschaft der Sieger
Fulbert Steffensky: Orte des Glaubens
Die sieben Werke der Barmherzigkeit
Fulbert Steffensky: Schwarzbrot-Spiritualität
Fulbert Steffensky (Hg.): Ein seltsamer Freudenmonat
24 Adventsgedichte und 24 Adventsgeschichten
Christa Wolf: Was nicht in den Tagebüchern steht. Verse

Radius-Verlag · Alexanderstraße 162 · 70180 Stuttgart
Fon 0711.607 66 66 Fax 0711.607 55 55
www.Radius-Verlag.de e-Mail: info@radius-verlag.de